21세기 미국의 동북아 정책과 한반도 평화

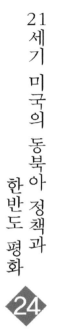

21세기 미국의 동북아 정책과 한반도 평화

24

김동수 지음

'이 저서는 2018년 부경대학교 CORE사업운영지원금의 지원을 받아 수행된 저서임'

머리말

불과 몇 년 전만 해도 상상조차 하기 힘들었던 '평화'의 담론이 한반도를 뒤덮고 있다. 1990년대 초 북한의 핵도발로 시작된 한반도 위기가 2018년 초 평창 동계 올림픽을 계기로 평화와 화해의 분위기로 전환되면서 한반도에 지속가능한 평화를 만들기 위한 움직임이 다각도로 진행 중에 있다. 남북한은 물론이고 한반도 정세에 큰 영향을 미치는 미국과 중국도 한반도 정세에 촉각을 곤두세우고 바쁘게 움직이고 있다.

이런 의미에서 2018년은 한반도 현대사에서 역사적인 해로 기록될 것이다. 분단 이후 단 두 차례 열렸던 남북정상회담이 2018년에만 세 차례나 열릴 정도로 남북관계의 진전이 두드러졌던 해였다. 뿐만 아니라 한국전쟁 휴전 이후 반세기 넘는 기간 동안 적대 관계에 있었던 미국과 북한 사이의 역사적인 첫 정상회담도 열렸다. 한국의 문재인 대통령에서 시작된 이 한반도 평화 프로세스는 한반도에 큰 영향을 미치는 남북미중 4국의 역학관계에 의해서 그 운명이 결정될 것이다. 그 과정에서 한국의 문재인 대통령, 북한의 김정은 위원장, 미국의 트럼프 대통령, 그리고 중국의 시진핑 주석 등 남북미중 4국의 리더쉽이 절대적으로 중요하다는 사실은 두 말할 나위가 없다. 이 책은 남북미중의 복잡한 역학관계 중에서 미국과 한반도의 관계를 다루고 있다. 특히, 21세기의 미국의 대 동북아시아 정책, 북한의 핵 도발을 둘러싼 미국과 북한의 역학관계, 그리고 한반도에 평화를 정착시킬 수 있는 제도적 장치로서의 한반도 평화체제 등을 주요 이슈로 다룬다.

이 책은 동북아시아 국제관계에 관한 입문서는 아니다. 오히려 21세기 미국의 동북아시아 정책과 한반도 정책에 관심이 있거나, 한반도 평화와 관련한 남북미 간의 역학관계에 관심이 있는 독자들에게 적합하다고 할 수 있다. 부디 이 책이 동북아시아와 한반도에 지속가능한 평화를 정착시키는 과정에서의 남북미 3국의 역학관계에 대한 독자들의 이해를 도울 수 있는 하나의 길잡이가 될 수 있기를 바란다.

마지막으로 이 책이 나오기까지 애써준 분들에게 감사의 인사를 전하고 싶다. 먼저, 본 연구가 책으로 나올 수 있도록 프로젝트를 기획하고 출판에 관한 실무를 맡아준 부경대 인문역량강화사업단의 정해조 단장님과 현민 교수님, 그리고 박명숙 연구원 등 사업단의 연구원과 행정원들에게 감사드린다. 그들의 노력과 수고가 없었다면 이 책은 세상에 나올 수 없었을 것이다. 그리고 원고 작업을 하는 동안 귀찮은 일을 마다않고 도와주고 훌륭한 조교 역할을 해준 사랑하는 아내, 그리고 사랑하는 두 아들에게도 고맙다는 말을 전하고 싶다.

차례

제1부

21세기 세계질서의 변화

1

20세기의 세계질서

새로운 질서는 혼란의 끝에 찾아온다. 20세기의 전반기는 극심한 혼란의 끝에 새로운 질서가 탄생하는 모델의 전형이라고 할 수 있다. 1914년 제1차 세계대전이 발발하기 전까지 유럽은 약 100년간의 평화로운 시기를 지나왔다. 경제적으로 산업혁명의 과실을 본격적으로 누리기 시작하고 자본주의가 성숙되어 가는 시기였으며 국제정치적인 측면에서는 주요 강대국들이 세력균형을 이루면서 국가 간 전쟁을 효과적으로 억제하던 시기였다. 정치적·경제적으로 안정되어 있던 유럽이 전쟁과 함께 격변의 시기에 빠져들었던 것은 1914년 제1차 세계대전이 발발하면서부터라고 할 수 있다. 모든 전쟁이 그러하듯이 제1차 세계대전의 원인은 여러 시각에서 서로 다르게 분석될 수 있지만 한 가지 확실한 것은 그것이 국제정치에 뿐만 아니라 전 세계사적인 차원에서도 크나큰 변동을 가져왔다는 것이다.[1] 베르사이유 조약을 통해서 전쟁의 주범이었던 독일에 바이마르 공화국이 들어서서 민주정치의 가능성을 실험하고 세계전쟁을 막기 위한 하나의 방편으로 세

---

[1] 국제정치의 이론적인 측면에서는 일반적으로 국가 간 행위 혹은 국제정치 현상의 원인을 개인적 차원, 국내정치적 차원, 그리고 세계체제의 차원 등 세 가지의 측면에서 분석한다. 전쟁의 원인에 대한 세 가지 차원의 분석에 관해서는 Joseph Nye, *Understanding International Conflict: An Introduction to Theory and History* (London: Longman, 2008)을 참조할 것.

계연맹(League of Nations)이 창설되어 집단안전보장(Collective Security)의 가능성을 실험하기도 하였다. 1920년대 말부터 1930년대에 걸쳐 자본주의의 위험과 위기를 알리듯, 대공황이 서구 세계를 휩쓸고 지나가고 그것의 끝에서 세계는 또 다시 전쟁의 화마에 휩싸이게 된다. 이른바 제2차 세계대전의 발발이다. 독일과 일본의 제국주의적 야심에 맞선 미국, 영국, 프랑스, 소련 등의 연합국이 전쟁에서 승리를 거두면서 세계 정세는 마침내 안정되는 듯 보였다. 세계연합(The United Nations)이 창설되어 세계의 안보와 평화 문제를 협의할 수 있는 틀이 갖추어 졌으며 국제통화기금(International Monetary Fund)과 세계은행(World Bank)을 설립하여 각각 통화 문제와 개발도상국의 발전에 관한 일을 맡도록 하는 등 세계 경제의 안정과 발전을 도모할 수 있는 틀도 마련하였

(https://m.post.naver.com/viewer/postView.nhn? volumeNo=16507223&memberNo=2301197&vType=VERTICAL)

<카이로선언에 참석한 장제스 중국 총통, 루스벨트 미국 대통령,
처칠 영국 수상, 출처: 동아일보>

다. 특히, 유엔 내에서 안보와 평화를 다루는 핵심 기구인 안전보장이사회의 5개 상임이사국 (미국, 소련, 영국, 프랑스, 중국)들에게 거부권을 부여함으로서 이들이 막강한 영향력을 행사할 수 있게 되었다.

제2차 세계대전의 종전으로 안정을 찾고 새로운 질서를 구축해갈 즈음에 세계는 또 한 번 격변의 소용돌이를 맞게 된다. 2차 세계대전 당시 연합군을 이루어 독일과 일본의 세계 제패 야욕을 물리쳤던 미국과 소련이 이번에는 서로 다른 체제와 이데올로기로 인하여 대립하게 되었던 것이다. 이른바 냉전(Cold War)의 시작이다. 겉으로 드러나는 바로는 냉전의 시작은 1947년 미국의 트루만 대통령이 소련의 공격을 받은 그리스와 터기에 대한 지원을 천명하면서 공식화되었다는 이해가 일반적이지만 이미 그 이전에 미국 내에서는 소련과 소련의 영향력 하에 있는 공산주의 국가들의 세력 확장에 대해서 심각한 우려가 제기되고 있는 상황이었다. 이후 거의 반세기에 걸쳐서 자본주의 미국과 미국을 지지하는 동맹국들, 그리고 사회주의 소련과 소련의 영향력 하에 있던 국가들 사이의 '전쟁 없는 전쟁,' 이른바 '냉전(the Cold War)' 이 지속되었다. 이 기간 동안 미국과 소련 사이에 전면전은 없었고 일종의 힘의 균형이 유지되었다. 한국전쟁과 베트남전쟁 등 몇 번의 국지전이 있었고 쿠바 미사일 위기 등 일촉 즉발의 위기가 없었던 것은 아니지만 이 기간 동안 세계는 실로 오랜만에 세계대전 없이 안정적인 질서를 구축할 수 있었다. 그러나 전면적인 물리적 충돌의 부재가 반드시 평화로운 세계를 의미하는 것은 아니었다. 비록 전면전은 없었을지라도 미·소 양 진영 사이에는 체제의 성격과 이데올로기를 둘러싸고 최고 수준의 긴장이 상존하고 있었던 것이다.[2] '냉전'이라는 용어

---

2) 이 기간 동안 안정적인 질서를 유지할 수 있었던 원인에 대해서 국제정치학자들은 '힘의 균형' 혹은 '공포의 균형'을 꼽는다. Kenneth N. Waltz, *Theory of International Relations*

는 이러한 긴장 관계를 표현하기에 더없이 적절한 단어였다.

　공고했던 동서 냉전체제에 변화의 기운이 감돌기 시작한 것은 1980
년 중반이다. 미국의 레이건 대통령과 소련의 고르바초프 공산당 총서
기 간의 군축회담과 합의가 촉매제가 되어 미·소 간의 화해 무드가
조성되는가 싶더니 동유럽의 공산정권이 잇따라 무너지기 시작하였다.
1989년 11월 베를린 장벽이 무너지고 동독이 서독에 흡수통일된 것을
시작으로 폴란드, 루마니아, 알바니아, 체코슬로바키아 등 동유럽 공산
정권이 연달아 무너지고 1991년에는 마침내 소련, 즉 소비에트 연방
마저 해체되었다. 마지막까지 공산정권을 유지하고 있던 유고슬라비아
도 1992년에 해체됨으로써 공산정권이 지배하던 동유럽의 시대는 막

(http://sokhm.khan.kr/6)

<베를린 장벽 위에 올라선 독일국민들, 출처: 경향신문>

(New York: McGraw-Hill, 1979); Stephen Walt, *The Origins of Alliance* (Ithaca, NY: Cornell University Press, 1987).

을 내리게 되었다. 이후 동유럽 국가들은 자본주의 경제체제와 민주주의 정치체제를 받아들이고 유럽연합(European Union, EU)에 가입하는가 하면 냉전시대 적의 심장이라고 할 수 있는 북대서양조약기구(North Atlantic Treaty Organization, NATO)에까지 가입하여 미국과 소련을 축으로 하는 동서 냉전의 시대는 종말을 고하게 되었다. 소비에트 연방의 후신이라고 할 수 있는 러시아가 아직 건재하므로 냉전에서 미국이 승리했다고 할 수는 없지만 자본주의와 자유민주주의가 공산주의와 전체주의의 대결에서 승리했다고 할 수는 있을 것이다.

2
냉전 이후의 세계질서

　냉전이 종식됨으로써 반세기 동안 유지되어 오던 미국과 소련의 양강 중심의 세계질서는 급격하게 미국 중심으로 재편되기 시작했다. 두 개의 강대국의 힘의 균형으로 유지되던 양극체제에서 하나의 초강대국이 지배적인 위치를 차지하는 단극체제로 재편된 것이다. 현실주의 국제정치 이론의 측면에서 보자면, 양극체제에서 단극체제로의 이행은 안정된 국제질서에서 불안정한 국제질서로의 변화를 의미한다.[3] 왜냐하면 하나의 초강대국의 전횡을 막을 국가나 제도가 존재하지 않기 때문이다. 현실주의 이론을 증명이라도 하듯, 냉전이 끝나자마자 제1차 걸프전이 미국과 이라크 사이에 발발하였다. 물론 전쟁은 미국과 연합군의 절반의 승리로 끝이 났지만 이 사건은 전쟁의 결말보다는 유일한 초강대국 미국의 등장을 전 세계에 알리는 데 더 큰 의미가 있었다고 볼 수 있다.[4]

　1980년대 후반과 1990년대 초반에는 냉전의 종식과 유일 초강대국

---

3) 국제정치를 설명하는 여러 이론 중에 현실주의는 힘의 논리에 기초한 가장 단순하지만 아직도 가장 널리 알려진 이론이라고 할 수 있다. 국제정치의 여러 이론에 관해서는 Paul R. Viotti and Mark V. Kauppi, *International Relations Theory: Realism, Pluralism, Globalism, and Beyond* (Boston, MA: Allyn & Bacon, 1999)를 참조할 것.

4) 1991년 이라크의 쿠웨이트 침공에 맞서 미국의 주도로 연합군이 결성되었는데 이 당시 미국을 비롯한 연합군은 이라크의 후세인 정권을 무너뜨리기보다는 쿠웨이트에서 몰아내는 것으로 전쟁의 목표를 달성한 것으로 간주하였다.

미국의 등장으로 '신세계 질서(New World Order)'가 도래했다는 시각이 지배적이었으며 세계 곳곳에서 신세계 질서의 성격을 규정하려는 노력들이 있었다. 그 중에서 신세계질서의 성격을 가장 특징적으로 정의하여 학계뿐만 아니라 미디어 또는 일반인들 사이에서도 큰 반향을 불러일으켰던 것은 "역사의 종언(the End of History)" 이라는 주장이라고 할 수 있다.5) 프랜시스 후쿠야마(Francis Fukuyama)라는 이름의 일본계 미국 학자가 제시한 이 다소 도발적인 제목은 냉전의 종식과 자본주의 진영의 승리를 자축함과 동시에 앞으로의 세계질서에 관한 예언을 담고 있다. '역사의 종언'의 요지는 냉전의 종식으로 미래의 세계에는 자본주의와 자유민주주의에 맞설 수 있는 새로운 이데올로기는 더 이상 없을 것이며 세계의 모든 국가가 자본주의적 경제시스템과 자유민주주의적 정치시스템을 채택함으로써 그것이 세계의 유일한 정부 시스템이 될 것이라는 예언이다. 더 나아가서 비슷한 성격의 정부들이 자유주의 경쟁시스템 속에서 경쟁함으로써 20세기 전반기에 겪었던 것과 비슷한 종류의 세계대전은 앞으로 일어나지 않을 것이라는 낙관적인 전망도 함께 담고 있다.

'역사의 종언'이 미래 세계에 관한 다소 낙관적인 전망을 담고 있다면 '문명의 충돌(the Clash of Civilizations)'이라는 주장은 다소 비관적인 전망을 제시하고 있다고 볼 수 있다. 사무엘 헌팅턴(Samuel P. Huntington)이라는 미국의 학자는 미래의 세계는 후쿠야마가 예언한 것처럼 갈등이 부재하는 세계라기보다는 과거와는 완전히 다른 종류의 갈등에 처할 것이라고 예언하였다.6) 냉전 시대의 갈등이 이데올로

---

5) Francis Fukuyama, "The End of History?," *The National Interest*, Vol.16 (Summer 1989), pp.3-18; Francis Fukuyama, *The End of History and the Last Man* (New York: Free Press, 1992).

6) Samuel P. Huntington, "The Clash of Civilizations," *Foreign Affairs*, Vol.72, No.3 (Summer

기와 체제의 성격을 둘러싸고 벌어진 갈등이었다면 미래의 세계는 서로 다른 '문화' 혹은 '문명'들 간의 갈등이 될 것이라는 것이다, 그는 현재의 세계를 기독교 문명, 이슬람 문명, 중국 문명, 힌두 문명, 일본 문명, 아프리카 문명, 불교 문명 등 7개 문명 지역으로 나누고 미래에는 서로 다른 문명들 사이에 갈등이 보편화될 것으로 보았다. 그 중에서도 특히, 기독교 문명과 이슬람 문명, 그리고 기독교 문명과 중국 문명 사이의 갈등이 가장 심각한 양상을 띨 것으로 전망했는데 그 이유는 그 문명들이 타 문명들과의 타협이나 화해에 가장 유연하지 못하기 때문이라는 것이다.

후쿠야마의 주장이 미래 세계에 대한 다소 낙관적인 전망이라고 한다면 헌팅턴은 매우 비관적인 입장에 있다고 볼 수 있다. 두 가지의 상반되는 시각이 경쟁하던 시기는 그리 오래 가지 않아 어느 한 쪽으로 기울어지는 듯한 양상을 띠게 되는데 그것은 2001년에 있었던 9/11 테러 이후라고 볼 수 있다. 90년대가 냉전 이후의 세계에 대한 다양한 예측과 입장들이 경쟁적으로 논의되던 시기였다면 9/11 이후의 세계는 헌팅턴의 '문명의 충돌'론이 현실 세계를 더 잘 설명하는 것으로 보였기 때문이다. 9/11 사태 이후 미국의 세계전략은 중대한 변화를 맞았고 '대 테러 전쟁'과 '테러 방지'가 미국 외교정책의 중심적인 이슈로 등장하게 되었던 것이다. 미국은 대 테러 전쟁의 한 방편으로 이라크를 공격하여 후세인을 제거하고 이라크에 서구식 민주 정권을 수립하고자 노력하였고 다른 한 편에서는 아프가니스탄에서도 2014년 미군이 아프가니스탄에서 철수할 때까지 다년 간 대 테러 전쟁을 수행하는 등 대 테러 전쟁에 국가적인 노력을 다해 왔다. 9/11

1993).

이후에 벌어진 미국과 이슬람 국가들 간의 일련의 갈등과 무력 충돌은 헌팅턴의 문명의 충돌에 관한 주장이 현실화된 것이라고 보는 견해가 강력한 힘을 얻고 있다.[7]

유일 초강대국 미국과 이슬람 문명 사이의 갈등이 새로운 세계질서의 한 축을 이룬다면 다른 한 축은 미국과 중국 문명 사이의 갈등이라고 할 수 있다. 미국과 중국 사이의 갈등은 헌팅턴이 표현하는 대로 문명 간의 갈등의 성격이 없다고 할 수는 없지만 현재까지는 정치경제적 갈등의 양상이 더 큰 것처럼 보인다. 이미 많은 국제정치학자들이 기존의 유일 초강대국 미국과 떠오르는 중국 사이의 패권 경쟁과 그 과정에서 불가피한 전쟁의 위험에 대해서 경고하고 있다. 그레이엄 앨리슨의 최근 저서는 미국과 중국이 충돌할 가능성을 냉정하게 평가하고 한반도의 역할과 국제정치의 역학관계, 외교적 딜레마 등에 관해 폭넓게 논의하고 있다. 특히, 그는 중국과 미국이 어느 쪽도 원치 않는 전쟁을 향해 달려가고 있다고 보고 그것은 바로 고대 그리스의 '투키디데스의 함정' 때문이라고 주장하고 있다. 고대 그리스 아테네의 역사가 투키디데스는 그리스를 폐허로 만들었던 펠로폰네소스 전쟁이 당시 패권국이었던 아테네와 급속하게 성장하고 있던 스파르타 간의 패권 경쟁에서 비롯되었다고 주장했는데 이와 유사한 상황이 현재 미국과 중국 사이에서 벌어지고 있다는 것이다.[8]

실제로 최근 중국 경제의 급성장은 놀라울 정도이다. 지금과 같은 성장 속도를 유지한다면 중국은 2030년경에 명목 GDP에서 미국을 추월할 것으로 예상되고 있다. 또한 중국은 세계 최대의 외환보유국이

---

7) 본 연구의 주된 관심은 동아시아에 있으므로 미국과 이슬람 문명 사이의 갈등이 갖는 세계질서의 변화에 대한 함의는 간략하게만 다루고자 한다.

8) 그레이엄 엘리슨 (정혜윤 역), 『예정된 전쟁』(서울: 세종서적, 2018).

며 동시에 미국의 가장 큰 채권국이다. 중국의 군사비 지출은 미국에 이어 세계 2위이며, 석유 소비 또한 2위를 차지하고 있다. 급속한 경제성장에 힘입어 중국은 대외정책에 있어서도 이전에는 상상하지 못했던 공격적인 모습을 보이고 있다. 아프리카와 라틴 아메리카 등 저개발 지역의 인프라 구축에 막대한 자금을 투자하는 방법으로 저개발국의 친중 네트워크를 구축하고 미국과 일본주도의 아시아개발은행(Asia Development Bank, ADB)에 맞서 아시아인프라투자은행(Asia Infra Investment Bank, AIIB)을 설립하고 아시아 지역에도 친중 네트워크 구축에 힘을 쏟고 있다. 이러한 최근의 행보를 종합해볼 때 중국의 야심은 지역 패권의 유지에 그치지 않을 것이라는 해석이 충분히 가능하다고 볼 수 있다.

(https://www.yna.co.kr/view/PYH20171109343600083?section=search)

<미중정상회담에서의 트럼프 미국 대통령과 사진핑 중국 국가주석, 출처: 연합뉴스>

바야흐로 냉전 종식 이후 유일 초강대국의 지위를 구가해온 미국의 지위가 중국에 의해서 도전받고 있는데 이에 대한 미국의 대응도 시간이 지날수록 적극적으로 변해 가고 있다. 2000년대 초반에 중국의 부상이 미국의 관심을 끌 당시에 미국은 중국을 현재의 국제질서에 편입시키는 방향으로 대 중국 정책방향을 설정하였다. 그것의 결과물이 2013년에 오바마 대통령과 시진핑 주석 간의 정상회담에서 나온 '신형대국관계(新型大國關係)'라는 개념이었다. 신형대국관계는 미래의 미국과 중국의 관계는 과거 냉전시대의 미국과 소련의 관계처럼 적대적인 관계가 아니라 세계를 이끌어가는 위상에 걸맞게 협력과 상생의 관계가 될 것이라는 약속의 의미를 담고 있었다. 실제로 2008년~2009년 사이에 있었던 미국과 중국 사이의 무역분쟁은 양국이 서로 간의 협력의 중요성을 인식하면서 수면 아래로 가라앉았고 최소한 겉으로는 협력하는 모습이 '신형대국관계'의 선언으로 나타난 것이다.

그러나 미국과 중국의 협력과 상생 다짐은 그리 오래 가지 않아서 위기를 맞고 있다. 미국에서 새로운 행정부가 들어서고 세계 경제의 지형이 변화하면서 양국 관계는 불협화음을 발생시키고 있는 것이 현재의 상황이다. 미국의 트럼프 대통령이 그 논란의 중심에 서 있다. 트럼프 대통령은 전통적인 워싱턴의 정치인으로서보다는 사업가로서 더 잘 알려져 있었고 대통령 선거 과정에서 보여주었던 그의 독특한 언행 때문에 이전의 미국 대통령과는 확실히 구분되는 면모가 있다. 트럼프가 선거 공약으로 제시했던 '미국 경제 우선주의,' '보호무역 우선주의' 등의 경제정책은 미국의 백인 유권자들에게 강하게 어필하였고 결국은 트럼프를 미국의 45대 대통령으로까지 만들었다. 트럼프는 대통령으로 취임한 이후 자신이 선거과정에서 약속했던 여러 공약들을 실현하기 위하여 적극적인 대외 경제정책을 펼치고 있는데 중국과의 무역

전쟁(Trade War)이 가장 대표적인 예라고 할 수 있다.[9]

요컨대 냉전 이후 유일 초강대국으로서의 지위를 구가하던 미국과 미국의 패권에 도전하고 있는 떠오르는 중국의 관계는 21세기 국제질서의 중요한 한 단면을 보여주고 있다. 현실주의 국제정치학자들이 주장하는 것처럼 미국과 중국의 충돌이 피할 수 없는 현실이 될 것인지 아니면 오바마-시진핑의 정상회담에서 제시한 것처럼 '신형대국관계'가 양국 간의 협력과 상생 뿐만 아니라 전 세계의 공존공영을 지지하는 주춧돌이 될 것인지는 좀 더 두고 보아야 하겠지만 그것이 당분간 세계질서의 본질을 규정하는 중요한 요인이 될 것임에는 틀림없다.

21세기 세계질서의 또 다른 중요한 특징은 민족주의 또는 국가주의의 강화를 들 수 있다. 앞서 언급한 것처럼 트럼프의 등장은 현대 국제정치에서 매우 중요한 의미를 지니고 있는데, 사업가 출신의 비전통적인 정치인이라는 점뿐만 아니라 그가 선거 과정에서 내걸었던 공약의 비전통성 또한 많은 사람들의 관심을 끌었던 것이 사실이다. 그의 대표적인 선거 캐치프레이즈였던 "미국을 다시 위대하게(Make America Great Again)', '미국 우선(America First)' 등이 미국의 백인 유권자들에게 강하게 어필하면서 대통령의 당선까지도 가능하게 했다. 그런데 여기서 주목해야 할 사실은 자국 중심주의를 표방하는 소위 '트럼프 현상'은 비단 미국만의 현상이 아니라는 점이다. 가장 가까운 예로 유럽연합(European Union, EU)을 탈퇴하기로 결정한 영국을 들 수 있다. 영국은 유럽연합의 핵심 회원국 중 하나였으나 2016년 국민투표를 통하여 탈퇴를 결정하였다. 영국 국민들은 자국이 EU 회원국으로

---

9) 미중 무역전쟁은 표면적으로 보면, 2018년 7월 6일을 기하여 미국이 미리 예고한대로 340억 달러 규모의 중국 수입품 818종에 대하여 25%의 관세를 부과하자 중국이 그에 대한 보복 조치로서 중국으로 수입되는 미국의 농수산품과 공산품에 대하여 똑같이 340억 달러 규모로 보복관세를 부과하면서 본격화되었다고 볼 수 있다.

서 누리는 이익보다도 더 많은 비용을 지불하고 있으며 따라서 EU를 탈퇴하는 것이 오히려 영국과 영국 국민들을 위해서 더 이익이라고 판단한 것이다. 실제로 영국은 실업, 난민, 불법 이민자 문제 등 자유화·세계화로 인한 여러 가지 문제가 사회문제화 되어 있었다. 영국의 EU 탈퇴가 중요한 의미를 갖는 것은 그것이 자유주의적 세계질서의 와해의 전조현상처럼 여겨지기 때문이다. 자유주의는 정치적으로는 다자주의, 그리고 경제적으로는 자유무역을 그 핵심요소로 하고 있는데 소위 브렉시트(Brexit)로 인한 EU의 약화는 그 두 가지 핵심요소 모두의 위기를 초래하고 있다는 것이다. '트럼프 현상'과 '브렉시트'는 공통적으로 기존의 자유주의적 세계질서를 약화시키고 자국 중심주의 혹은 민족주의의 강화라는 새로운 세계질서의 중요한 특징을 형성하고 있다.

서구 사회뿐만 아니라 동아시아에서도 이와 유사한 현상들이 일어나고 있다. 일본은 제2차 세계대전 종전 후 유지해 왔던 평화헌법을 수정하여 전쟁을 수행할 수 있는 정상국가가 되고자 하는 움직임을 최근 들어 부쩍 강화하고 있다. 중국은 일대일로(One Belt, One Road)라는 이름으로 유라시아 대륙에 친중 네트워크를 구축함으로써 과거의 영광을 재현하고자 하는 야심을 숨기지 않고 있다. 중국과 일본의 이런 현상 타파적, 팽창주의적 대외정책 또한 민족주의 혹은 자국 중심주의의 맥락에 닿아 있다.

지금까지 제2차 세계대전 이후 세계질서의 변화를 설명했다. 제2차 세계대전 종전 이후 미국과 소련 간의 냉전이 거의 반세기에 걸쳐 지속되었다. 시기에 따라서 부침이 있었지만 1980년대 후반 이전까지 미국을 중심으로 하는 자본주의 및 자유민주주의 진영과 소련을 중심으로 하는 사회주의 세력 간에는 전면전은 없었지만 일촉즉발의 긴장감이 상존하고 있는 상태였다. 이 시기는 미국과 소련의 양극체제가 국제질서의 기본 구조를 이루고 있었다고 볼 수 있다. 1980년대 후반 들어 냉전이 종식됨으로써 양극체제가 무너지고 미국이 유일 초강대국으로 등극하며 세계는 단극체제로 전환되었고 더 이상 이데올로기는 갈등의 주제가 되지 않았다. 그러나 미국과 서구 중심의 단극체제는 여러 측면에서 도전 받고 있다. 문명의 충돌이라는 측면에서 이슬람 문명으로부터 심각한 도전에 처해 있으며, 정치경제적 측면에서 잠재적인 패권 경쟁국인 중국의 부상이라는 도전에도 직면하고 있다. 아직까지 미국의 패권적 지위가 약화되고 있다는 뚜렷한 징후는 발견되고 있지 않지만 시장경제와 자유민주주의를 축으로 하는 서구적 시스템과 가치체계는 더 이상 유일한 대안으로 받아들이기 힘들게 되었다.

3

신동북아 질서와 한반도 평화

역사적으로 한반도의 정세는 항상 동북아시아의 국제질서에 의해서 크게 영향을 받았다. 멀게는 조선시대의 임진왜란이나 병자호란이 그 예가 될 수 있고 근대 이후 조선과 대한민국의 역사에서도 수없이 많은 예를 찾아볼 수 있다. 여러 가지 이유들 가운데 가장 근본적이고 구조적인 것은 한반도의 지정학적 위치에 근거하고 있다. 즉, 한반도라는 위치는 대륙세력과 해양세력이 수시로 세력다툼을 벌이던 장소였고 다툼이 벌어질 때마다 한반도는 국제정세의 격랑에 휘말리면서 대부분의 경우에 그것의 희생양이 되었던 것이 현실이었다.

1592년~1598년의 7년간 이어진 임진왜란은 해양세력 일본이 대륙으로의 진출의 야심을 품고 한반도를 침략하였던 사건이다. 100년간의 분열을 끝낸 일본의 도요토미 히데요시는 이 기세를 몰아 동아시아를 넘어 남아시아까지 정복하고자 하는 야심을 드러내었다. 당시 일본은 '대항해시대'를 선도한 포르투갈의 문물을 받아들여 세계지리를 익히고 유럽세력의 발달된 군사력과 무기체계를 확보할 수 있었다. 서양의 문물로 무장한 도요토미 히데요시의 일본은 그 일차목표로 조선반도와 명을 정복하겠다는 계획을 세웠으나 그 목표를 이루지 못하고 패퇴하고 말았다. 당시 일본은 대륙으로 나아가기 위해 한반도의 정복을 꾀했으며 대륙의 중국 세력은 해양의 일본 세력을 막기 위한 완충지대로서 한반도를 이용했다고 볼 수 있다. 이런 의미에서 임진왜란은 한반도가 유라시아 동부 지역에서 대륙과 해양 세력 간의 '지정학적 요충지'로 대두한 사건이라고 할 수 있다.[10]

일본이 한반도를 거점 삼아 대륙으로 진출하고자 한 시도는 임진왜란으로 끝나지 않았다. 20세기 초 일본은 다시 한반도를 식민지화하고 더 나아가서 청과 동남아 일대까지 영토를 확장하려는 목표를 가지고 태평양 전쟁을 일으켰다. 19세기 후반에서 20세기 초반에 일본이 보여 주었던 영토적 야심은 임진왜란 당시와 놀라울 정도로 유사했다. 비록 태평양전쟁에서 패함으로써 일본의 영토적 야심은 달성되지 못했지만 한반도는 또 한 번 역사의 소용돌이 속에서 희생양이 되고 말았던 것이다.

일본의 제국주의적 야심과 그에 따른 비극적인 태평양전쟁의 결말은 단순히 태평양전쟁의 종식으로 끝나지 않았다. 전쟁의 종식과 함께 미국과 소련 간의 세력 경쟁이 한반도에서 벌어졌고 한반도는 남과 북으로 분단되어 자유주의와 사회주의라는 이데올로기의 각축장으로 전락하였다. 시기에 따라서 남과 북 사이의 긴장의 강도가 오르내리기는 하였으나 냉전의 대부분의 시간 동안, 심지어 전 세계에 냉전의 종식을 알린 이후에도 한반도에는 남북 간의 간헐적인 물리적 충돌과 함께 매우 높은 수준의 긴장 관계가 이어져 오고 있다.

---

10) 김시덕, 『동아시아, 해양과 대륙이 맞서다』(서울: 메디치, 2015), p.8-9.

(https://foreignpolicy.com/2017/10/10/sitrep-trump-heading-to-the-dmz-general-calls-north-korea-war-horrific/)

<DMZ내 남북한을 가르는 군사분계선, 출처: Gertty Image>

　　냉전 이후의 세계질서 중 한반도가 위치한 동북아시아에서 가장 주목할 만한 현상은 유일 초강대국 미국에 도전하는 중국의 부상이라고 할 수 있다. 중국은 동아시아에서의 지역 패권을 넘어 미국의 세계패권에 도전하려는 의지를 보이고 있으며, 반대로 미국은 이러한 중국의 의도를 읽고 여러 형태의 정책수단을 동원하여 중국의 부상을 저지 또는 지연시키고자 노력하고 있다. 그 두 강대국 사이에서 한국과 북한은 아슬아슬한 줄타기를 하고 있다고 해도 과언이 아니다. 특히, 한국은 안보에 관한 한 미국에 대한 의존이 절대적이고 경제에 있어서는 중국에 대한 의존이 날이 갈수록 증가하고 있다. 북한의 경우도 별반 다르지 않다. 한국전쟁 이후 오랜 기간 미국과 적대관계에 있는 북한은 최근 들어 미국과 관계를 개선하기 위해서 노력하고 있으며 그 과정에서 중국과의 관계가 악화되지 않도록 세심한 주의를 기울이고 있다.

(https://nationalinterest.org/blog/the-buzz/why-americas-thaad-deployment-south-korea-making-china-go-19785)

<한반도에 배치된 THAAD, 출처: The National Interest>

미국과 중국 사이에서 줄타기 외교를 하고 있는 한국의 모습은 최근에 벌어진 싸드(THAAD, Terminal High Altitude Area Defense) 관련 논란에서 확연히 드러났다. 싸드는 미국의 미사일방어체계의 일부분으로서 '고고도방어체계'라고 해석되며 적의 미사일 공격을 100km 이상의 고고도에서 요격분쇄하기 위한 목적에서 개발되었고 한국정부는 북한 핵에 대응하기 위한 방어 목적에서 싸드 시스템을 2016년에 실전 배치하였다. 그런데 갑자기 싸드 시스템이 한중 간에 뜨거운 감자로 떠올랐다. 사실은 싸드 시스템에 장거리 레이더가 장착되어 있으며, 싸드 시스템이 한국에 배치된 본래 목적은 미국이 중국의 군사활

동을 감시하기 위한 것이라는 주장이 제기되었기 때문이다. 그 주장의 진위 여부를 떠나서 한국정부는 미국과 중국 사이에서 곤혹스러운 입장에 처할 수밖에 없었으며 한국과 중국의 관계는 급속도로 악화되었다. 중국과의 관계 악화는 곧 한국경제에 악영향을 의미한다. 단적인 예로 모 재벌기업은 싸드 부지를 제공했다는 이유로 중국에서 사업을 철수해야 했고 그 많던 중국 관광객들은 썰물처럼 빠져 나가버렸다.

위에서 설명한 바와 같이, 한반도의 운명은 과거에도 그랬고 현재에도 세계정세와 지정학적 조건에 지대하게 영향을 받고 있다. 그렇기 때문에 동북아 국제정세에 대한 심도 깊은 분석이 없이는 한반도의 평화와 번영을 논하는 것은 불가능하다. 본 연구는 이러한 사실에 기초하여 21세기 한반도를 둘러싼 동북아의 새로운 질서의 성격을 탐구하고 그 속에서 한반도에 지속가능한 평화를 정착시킬 수 있는 방안을 모색하는 것을 목표로 한다. 특히, 본 연구는 동아시아와 한반도에서의 미국의 역할에 주목하여 21세기의 미국의 대 동아시아정책과 한반도 정책을 중심으로 논의하고자 한다.

<u>4</u>

책의 구성

이 책은 총 8개의 장으로 구성되어 있다. 서론 격인 제1장에서는 20세기와 21세기의 세계질서의 변화의 양상을 개괄하고 그 속에서 동북아시아, 특히 한반도가 어떤 세계질서의 구조에 놓여 있는가를 살펴보았다. 한반도의 운명은 역사적으로 세계질서, 특히 동북아시아의 질서에 크게 영향을 받았왔기 때문에 한반도의 지정학적 조건을 살펴보는 것은 한반도의 지속가능한 평화를 논의하는 데 있어서 필수적인 사항이라고 할 수 있다.

제2장에서는 미중 경쟁의 양상을 살펴본다. 미중경쟁의 원인과 성격, 그리고 발생가능한 결말 등을 다양한 국제정치 이론을 동원하여 조명할 것이다. 특히, 미래의 미중관계가 가져올 동북아시아의 변화에 주목하고 한반도에 어떤 영향을 가져올 것인지에 관해서도 논의할 것이다. 주로 중국의 시진핑과 미국의 오바마-트럼프 시대의 미중관계를 논할 것이며 따라서 이 시기의 동북아 질서와 한반도에의 영향에 대해서 논의할 것이다.

제3장에서는 오바마 행정부의 대 동아시아 정책과 한반도 정책을 다룰 것이다. 특히, 오바마 행정부의 대 북한 정책의 주를 이루었던 '전략적 인내'를 한반도 평화에 끼친 영향의 차원에서 논의할 것이다. 다양한 국제정치 이론을 활용하여 그것의 원인을 분석하고 그것이 한

반도에 가져온 결과를 분석하고자 한다. 제4장은 제3장과 유사하게 트럼프 행정부를 분석한다. 이전 정부와의 비교를 통하여 트럼프 행정부의 성격을 분석하고 그것의 대 동아시아 정책과 대 한반도 정책을 분석하고자 한다.

　제5장에서는 북한과 미국의 관계를 한반도 평화의 관점에서 분석한다. 특히, 오랫동안 한반도 평화에 큰 걸림돌이 되어온 북한의 핵과 장거리 미사일을 둘러싼 북한과 미국의 협상과 갈등을 분석할 것이다. 북미 협상의 역사를 개괄하고 주요 이슈들을 분석한다. 특히, 북미 협상의 주요 쟁점들을 분석하고 그것이 성공하기 위한 조건을 알아본 후, 향후 북미 협상의 결과를 전망해 볼 것이다.

　제6장에서는 한반도 평화체제를 다룬다. 한반도 평화체제는 통일을 제외하고 한반도에 평화를 정착시킬 수 있는 가장 실현가능성이 높은 제도적 장치라고 할 수 있다. 평화체제에 대한 이론적 논의를 바탕으로 한반도 평화체제의 논의의 역사를 짚어보고 그것의 쟁점에 대한 분석, 그리고 한반도 평화체제의 전망을 함께 논의하고자 한다.

　제7장에서는 한반도의 평화의 관점에서 한미관계를 조명한다. 한국전쟁 휴전 이후의 한미관계를 일괄하고 한미관계에서 한반도 평화의 문제를 어떻게 다루었는지를 집중 분석할 것이다. 이승만 정권, 군사정권, 그리고 진보정권으로 나누어 한미관계를 미국의 대 한국정책의 관점에서 분석하고자 한다. 결론 격인 제8장에서는 현재 집권하고 있는 문재인 정부와 트럼프 정부 사이의 한미관계를 집중적으로 분석하고 한반도에 지속가능한 평화를 정착시킬 수 있는 한미관계를 제시하고자 한다.

참고문헌

그레이엄 엘리슨 (정혜윤 역). 『예정된 전쟁』. 서울: 세종서적, 2018.

김시덕. 『동아시아, 해양과 대륙이 맞서다』. 서울: 메디치, 2015, p.8-9.

Fukuyama, Francis. "The End of History?." *The National Interest*, Vol.16, Summer 1989, pp.3-18.

Fukuyama, Francis. *The End of History and the Last Man*. New York: Free Press, 1992.

Huntington, Samuel, P. "The Clash of Civilizations." *Foreign Affairs*, Vol.72, No.3, Summer 1993.

Nye, Joseph. *Understanding International Conflict: An Introduction to Theory and History*. London: Longman, 2008.

Viotti, Paul, R. and Mark V. Kauppi. *International Relations Theory: Realism, Pluralism, Globalism, and Beyond*. Boston, MA: Allyn & Bacon, 1999.

Walt, Stephen. *The Origins of Alliance*. Ithaca, NY: Cornell University Press, 1987.

Waltz, Kenneth, N. *Theory of International Relations*. New York: McGraw-Hill, 1979.

제2부

미중 관계의 변화와
신동북아 질서*

1

중국의 부상과 미국의 재균형 전략

흔히 G-2라는 용어가 시사하듯이 국제무대에서의 중국의 부상은 더이상 새삼스러운 일이 아니다. 중국은 2012년 GDP 규모면에서 8조 달러를 넘어섬으로써 16조 달러를 기록한 미국에 이어 세계2위를 기록했다. 지금과 같은 성장속도를 유지한다면 중국은 2020-30년경 명목 GDP에서 미국을 추월할 것으로 예상된다. 그 시기를 다소 늦게 잡는 경우는 있으나, 추세 자체에 대해서는 전문가들 사이에 별 이의가 없는 것으로 보인다. 또한 중국은 현재 세계 최대의 외환보유국이며 동시에 미국에게는 9000억불에 달하는 최대의 채권국이다. 중국의 군사비 지출은 미국에 이어 세계2위이며, 석유 소비 역시 세계2위를 기록하고 있다. 각종 지표에서 보듯이 중국의 급격한 부상은 최근의 미국발 경제위기에서 촉발된 미국 쇠퇴론과 맞물려 국제질서에 의미있는 변화를 가져오기에 충분한 것으로 평가된다.

중국의 부상과 함께 미국의 대외정책에도 중요한 변화가 일어나고 있다. 오바마 1기 정권 말기부터 변화가 가시화되기 시작했는데 그것이 가장 함축적으로 드러난 것은 클린턴 전 국무장관이 2011년 *Foreign Policy*에 기고한 "America's Pacific Century"라는 글에서이다. 이 글에서

---

* 본 장은 필자의 "미중관계의 변화와 신동북아 질서: 한국외교정책에의 시사점," 『CHINA 연구』 (2014, 18권 1호)를 수정·보완한 것임을 밝힌다.

당시 클린턴 국무장관은 미국이 대서양 국가이면서 동시에 태평양 국가임을 천명하고 21세기 아시아의 성장 동력을 어떻게 활용하고 지정학적 동학에 어떻게 관여할 지가 향후 미국의 경제, 안보의 사활이 걸린 중대한 문제라고 주장했다. 덧붙여 이를 위한 미국의 아시아 정책의 6가지 주요 행동 원칙을 밝혔는데 여기에는 1) 양자간 안보 동맹 강화, 2) 중국을 포함한 부상하는 국가와의 유대 강화, 3)지역 다자기구와의 교류, 참여 확대, 4) 무역 및 투자 증대, 5) 광범위한 군사력 배치, 6) 민주주의와 인권 증대 등이 포함되어 있다.12) 비슷한 시기에 오바마 대통령은 전 세계에 비효율적으로 배치되어 있는 미군을 미국의 군사력을 효율적으로 축소할 것을 예고하면서도 아시아의 전략적 중요성은 증가함을 강조하고 이 지역에서의 미국의 군사적 역량을 유지함은 물론 질적으로 강화하겠다고 공언하였다. 다시 말하면, 냉전시대에 미국의 외교 역량이 유럽에 집중되어 있었다면 21세기에는 아시아가 미국외교의 중심으로 부상한 것이다. 그 변화의 중심에는 중국의 급격한 부상이 있음은 두 말할 나위가 없다.

세계 강국으로 도약하고 있는 중국과 이것을 인정할 수밖에 없는 미국은 양국 간에 새로운 관계 설정의 필요성을 절감하고 있었고 결국 그것을 실행에 옮겼다. 미중간의 새로운 관계 설정은 2013년 6월 캘리포니아의 서니랜즈에서 있었던 양국 정상회담에서 처음 공식적으로 이루어졌는데 여기서 양국 정상은 미중관계를 '신형대국관계(新型大國關係)'로 정의하고 미국과 중국이 과거의 세계강국과 같이 갈등적인 관계가 아닌 협력적 동반자 관계를 구축해 나갈 것을 약속하였다. 미국이 최소한 공식적으로는 중국을 향후 세계사를 주도할 파트너로 인

---

12) Hillary Clinton, "America's Pacific Century," *Foreign Policy*, Vol.189, No.1 (November 2011).

<중국의 경제발전을 상징하는 상하이 푸동의 금융중심가 전경, 출처: 로이터>

정하는 모양새를 갖추어 주고 중국은 미국의 이같은 제스처에 만족하는 듯한 모습을 보여주었다.

　미중관계는 본질적으로 동아시아 질서의 한계와 가능성을 결정할 수 있는 구조로서 역할을 하기 때문에 한국의 외교 전략을 수립하는 데 있어서 중요한 고려 대상이 된다. 더욱이 북핵이라는 난제를 해결해야 하는 어려운 입장에 있는 우리로서는 향후 미중관계의 본질과 변화의 양상을 이해하는 것이 필수적이라고 할 수 있다. 이런 맥락에서 본 장에서는 향후 미중관계를 최근의 양국 간의 행태에 대한 분석과 국제정치이론을 바탕으로 전망해 보고 변화하는 미중관계가 가져올 동북아 질서의 변화, 특히 한반도에 시사하는 바를 생각해 보고자 한다.

2
미중간의 갈등과 협력

중국의 부상과 미국의 외교정책의 변화를 감안할 때, 미국과 중국의 이익은 아시아 특히 동아시아 지역 내에서 가장 극명하게 중첩된다. 미중 양국은 이 지역에서 공동의 이익을 위하여 상호간에 협력을 강화해 나감과 동시에 서로의 이익이 상충되는 지점에서는 마찰 혹은 갈등의 요소도 적지 않다고 하겠다. 실제로 최근까지 미중관계는 갈등과 협력이 중첩적으로 나타나는 양상이다. 2010년이 미중간 갈등이 주로 표면화되는 시기였다면 2011년 미중 정상회담을 계기로 양국간의 관계가 협력관계로 재정립되었고 2013년 정상회담에서는 '신형대국관계'라는 신조어가 양국관계를 새롭게 정의하게 되었다.

2010년의 미중갈등은 무역마찰에서 가장 극적으로 드러났다. 양국은 덤핑 반덤핑 문제로 자주 마찰을 빚었고 위안화 절상 문제를 두고 더 심각한 양상으로 치달았다. 오바마 대통령이 직접 위안화 절상의 필요성을 강조하였고 미 의회는 4월에 중국을 '환율조작국'으로 지정해야 한다고 촉구하였다. 정치적으로는 티벳과 달라이 라마 문제로 갈등을 빚었다. 미국은 중국의 반발에도 불구하고 백악관에서 달라이 라마를 면담했다. 다만 외교적인 민감성을 인지하면서 중국측을 자극하지 않기 위해서 정치적 의미를 최소화하면서 비공개 면담을 가졌다. 미국 정부의 대만에 대한 무기 수출 결정도 중국을 자극하기에 충분했다. 마지막으로 미중 양국은 대 이란 제재를 두고서도 충돌하고 있다. 오바마 행정부는 비핵확산 체제 구축을 중대한 사안으로 다루고 있고 러시아까지 포함한 국제사회가 이란 제재에 동참하고 있는 상황에서 중국의 지지가 절대적으로 필요한 상황이다. 중국의 입장에서도 이란 문제는 미국의 요구대로 일방적으로 양보하기는 어려운 사안이다. 이란은 유사시 중국의 가장 중요한 에너지 공급선이며, 중국의 가장 큰 골칫거리인 이슬람 분리 독립주의자들을 통제하는 협력자이며, 동시에 지정학적으로 서방중심의 서부 중동지역에 대한 전략적 균형을 맞출 수 있는 동부 중동 지역의 강국이기 때문이다.

2010년의 갈등관계는 2011년에 들어서 미중 정상회담을 계기로 협력 관계로 재정립되었다. 미중은 2011년 1월에 워싱턴에서 오바마 대통령과 후진타오 주석 간의 정상회담을 개최하고 경제, 군사, 안보, 인권 등 다양한 분야에서 포괄적인 합의사항을 도출했다. 예를 들어 미중 양국은 경제분야에서 위안화 환율개혁, 무역투자 보호주의 반대, 중국의 지적재산권 보호강화 등에서 합의를 도출했으며, 미중 인권대화 개최에도 합의하였다. 군사안보분야에서 양국은 핵안보에 대한 협력을 강화한다는 데 합의하고 미국은 하나의 중국을 지지한다고 천명했다. 대체적으로 2011년의 미중 정상회담은 중국이 구체적인 정책에 있어서 미국의 입장에 협력하였던 것으로 평가할 수 있다. 그 이면에는 미국과의 경제 안보 이슈와 관련한 갈등적 측면의 부각이 안정적 경제 성장과 이를 위한 우호적인 국제관계의 조성에 도움이 되지 않는다는 중국 지도부의 전략적 판단과 '평화발전론' 기조 유지에 대한 재확인이 있었다. 물론 당시 미중 정상회담은 미중 간 협력의 한계 또한 명확하게 노정했다. 미중 공동성명은 미중이 다양한 이슈에서 양국의 협력을 통한 공동 대처와 공동 이익 추구라고 하는 기조를 도출한 것이외에 민감한 사안들에 대한 해결안은 제시하지 않았다. 예를 들어, 미국의 대 대만 무기판매, 인권문제에 대한 중대한 견해차, 무역불균형 지속 시 위안화 평가 절상 문제, 북한 문제에 대한 근본적인 전략적 이해의 불일치 등의 양국간 합의 도출이 쉽지 않은 영역에 있어서는 구체적인 합의 없이 애매모호한 문구로 넘어간 측면이 없지 않다.[13]

미중간의 협력적 관계는 2013년 오바마 대통령과 시진핑 주석 간의 미중 정상회담을 계기로 더욱 공고해진 것으로 보인다. 2013년 6월 캘리포니아의 서니랜즈에서 열린 미중 정상회담에서 양국은 양국관계를 '신형대국관계'로 새롭게 정의하고 과거의 갈등적인 대국관계가 아닌 전지구적 문제에 공동으로 대처하는 협력적인 대국관계를 지향할 것에 합의했다. 구체적으로 들여다보면, 사이버 보안, 북핵을 포함한 글로벌 안보, 경제, 환경문제 등에 대해서 양국 정상을 폭넓은 대화를 가졌고 일부 중요한 합의를 이끌어내기도 했다. 주요 합의내용은 센카쿠/댜오위다오를 둘러싼 영유권 분쟁 문제에 관해서 평화와 안정을 위해 노력한다는 점과 북한 핵 문제에 있어서 북한을 핵보유국으로 인정할 수 없으며, 비핵화가 대북정책의 목표라는 공통의 인식을 확인하기도 하였다. 환경문제에 있어서도, 수소불화탄소 생산과 소비 감축을 통해 지구온난화 문제에 협력하여 대응하기로 하고 공동성명을 채택하였다.[14] 센카쿠/댜오위다오 문제처럼 구체적인 합의에 이르지 못한 사안도 있지만 대체적으로 미중 양국의 정상은 가능한 한 갈등이 있을 만한 사안은 논의를 피하고 협력적인 모습을 연출했다고 할 수 있다.

---

13) 황병덕, 김규륜, 박형중, 임강택, 조한범, "2011년 미·중 정상회담 평가: 동북아 및 한반도에의 함의," (통일연구원, 2011), pp.36-42.

14) 이태환, "오바마-시진핑의 미중 정상회담과 한반도,"『정세와 정책』, (세종연구소, 2013 7월), pp.5-6.

(http://www.vop.co.kr/A00000645691.html)

<2013년 미중정상회담, 출처: 뉴시스, 신화통신>

2013년 6월의 미중 정상회담은 중국이 미국에 견줄만한 초강대국으로서 미국과 양강체제(G-2)를 형성하고 국제체제를 공동으로 관리할 만한 위치에 올라섰다는 것을 보여주는 계기가 되었다고 평가한다. 더불어서 미국과 중국이 과거의 갈등적 대국 관계에서 탈피하여 협력에 기초한 새로운 대국관계를 바탕으로 국제문제를 조정해나갈 수 있을 것에 기대감을 표시하였다.[15]

2010년 이후 한동안 미중 양국은 우호적인 양국관계가 상호 국가이익에 도움이 된다는 것을 잘 인지하고 갈등요소들을 잘 통제된 상황에서 끌고 가고 있었다고 평가할 수 있다. 특히 중국의 지도자들은 2010

---

15) 최우선, "미·중관계의 동향과 전망" (국립외교원, 2013. 10.1).

년 미중 간 갈등 양상이 적지 않았을 당시에는 미국의 문제 제기에 반드시 적극적으로 대응하는 모습을 많이 보였으나 이후에는 양국 관계를 악화시킬 수 있는 발언을 자제하는 등 신중한 태도를 유지해 왔다. 이는 미중관계가 중국의 경제발전 및 전략적 이익에 긴밀한 연관 관계가 있다는 것을 잘 인지하고 있었기 때문이다. 오히려 미중 관계를 악화시킬 수 있는 위험요인은 미국 쪽에서 더 크게 불거져 나왔다.

2016년 11월 미국 대통령 선거의 결과에 따라 2017년 2월 도널드 트럼프가 미국의 45대 대통령으로 취임하였다. 문제는 트럼프 대통령의 성향이 이전의 미국 대통령들과는 많이 달랐다는 것이다. 트럼프는 워싱턴의 주류 정치인들과는 다르게 성공한 사업가 출신으로서 그만큼 경제적 이익을 중요하게 생각하는 지도자라고 할 수 있다. 선거과정에서부터 트럼프는 미국우선주의를 강하게 드러냈고 대통령으로 당선된 이후에는 미국의 이익, 특히 경제적 이익을 우선적으로 추구하는 정책들을 추진하고 있다. 그 과정에서 중국과의 갈등이 표면화되고 있고 일각에서는 미중간의 '무역전쟁(Trade War)'으로까지 표현되고 있다.

미국의 트럼프 행정부와 중국의 시진핑 정부 사이의 무역 갈등은 2018년 초 미국정부가 500억 달러에 이르는 중국산 수입품에 25%의 관세부과 방침을 발표하면서 시작되었다. 미국의 발표에 중국 측에서도 똑같이 500억 달러의 미국산 수입품에 대해서 25%의 관세를 부과하면서 맞대응함으로써 이른바 '무역전쟁'이 본격화하게 되었다. 9월에는 트럼프 정부가 추가적으로 2000억 달러 규모의 중국산 제품에 10%의 관세부과 방침을 발표함으로써 양국간 상호 관세 부과 대상은 3,600억 달러 규모로 확대되었다.

미국과 중국 간의 이른바 '무역전쟁'의 가장 직접적인 원인은 미국의 대중 무역적자의 누적이라고 할 수 있다. 미국의 대중 무역은 만성적인 적자를 기록해 왔고 2017년 한 해 동안만 3,750억 달러에 달했다. 지난 몇 십년간 쌓여온 대중 무역적자와 그에 따른 국내적 불만이 트럼프 정부의 '무역전쟁'의 형태로 표출된 것이다. 다른 한편에서는 미국의 중국 경제시스템에 대한 불만도 한 몫을 했다고 볼 수 있다. 트럼프 대통령은 중국 정부가 경제시스템을 불공정하게 운영하면서 미국과의 무역관계에서 일방적인 흑자를 내면서 미국 국민들의 일자리를 빼앗아 가고 있다고 보고 있다. 미국정부는 중국정부가 환율조작에 깊숙이 개입하고 있으며 수출기업에 보조금을 지급하고 지적재산권 침해를 방관하고 있는 등 자유주의 국제경제 질서를 어지럽히는 주범이라고 인식하고 있으며 중국의 잘못된 국제경제 관행을 혁신해야 한다고 강하게 믿고 있다.

그러나 미중 무역전쟁의 가장 근본적인 원인은 미국과 중국 간의 패권경쟁이라고 보아야 할 것이다. 냉전체제의 붕괴 이후 세계 유일의 초강대국 지위를 구가하던 미국의 지위가 중국의 부상에 의해서 도전받기 시작한 것은 21세기의 중요한 현상 중의 하나이다. 중국은 급속한 경제성장을 바탕으로 지역의 리더를 넘어 세계의 패권적 지위를 넘보고 있다. 특히, 2000년대 들어 눈부신 경제성장을 바탕으로 미국의 패권적 지위에 위협이 되기 시작하였고 미국이 주도하는 세계질서에도 큰 위협이 되고 있다. 2008년 미국의 금융위기 직후에 이런 위협이 더욱 거세지자 오바마 미국 대통령은 '아시아 재균형' 정책 등으로 적극적으로 중국을 견제하기 시작하였다. 그러나 오바마 행정부의 대 중국 정책은 중국에 적대적으로 맞서기보다는 기존의 미국 주도의 질서에 편입시키는 정책을 취하였다. 중국은 'G-2'의 한 축으로 대우하고 중국과 '신형대국관계'를 형성할 것으로 약속하기도 하였다. 그러나 이런 정책방향은 트럼프의 당선과 함께 180도 바뀌었고 최근의 무역전쟁에까지 이르게 되었던 것이다.

현재까지는 미중 양국 모두 파국으로 치닫는 모습까지 연출하고 있지는 않고 있다. 미국은 중국을 환율조작국으로 지정하지는 않고 있으며 중국의 시진핑 주석도 트럼프 대통령에게 유화적인 제스처를 보내고 있다. 그러나 미중 무역전쟁이 단순히 미국의 대중국 무역적자 개선에만 그치지 않고 더 근원적인 문제를 포함하고 있다면 현재의 갈등은 예상보다 길게 갈 가능성이 크다.

3

미중 관계를 보는 시각:
비관론, 낙관론, 혹은 절충론

장래의 미국과 중국의 관계를 예상하는 데 있어서는 낙관론과 비관론이 혼재해 있다. 우선 국제정치의 자유주의 이론에 기초해 있는 낙관론적 시각은 경제적 상호의존, 국제제도, 그리고 경제성장에 따른 민주화에 의해 중국이 기존의 국제질서를 순응적으로 받아들이면서 미중간 공존과 협력의 관계가 이루어질 것이라는 희망이다.[16] 첫째, 중국 경제가 성장함에 따라 미중 간 경제 교류는 엄청남 규모와 속도로 증가하고 있고, 이런 추세는 당분간 큰 변화 없이 유지될 것이며 이에 따라 양국 간 갈등이 증폭되기에는 그 비용이 크게 증가했으며 양국 간에 공통의 이해관계가 형성되었다는 주장이다. 두 번째 근거로서 중국은 WTO와 같은 국제적 다자기구는 물론 ASEAN+3 (아세안+한, 중,일), ARF (ASEAN Regional Forum 아세안 지역안보포럼), EAS(East Asia Summit 동아시아 정상회의), SCO (Shanghai Cooperation Organization 상하이 협력기구) 등 수많은 지역제도들에 적극 참여하

---

16) 자유주의 이론을 구성해온 무수히 많은 저작물들 중 대표적인 것으로는 Robert Keohane and Joseph Nye, *Power and Interdependence,* 3rd ed. (New York: Longman, 2001); Robert Keohane, *After Hegemony: Cooperation and Discord in the World Economy* (Princeton: Princeton University Press, 1984); Bruce Russett and John Oneal, *Triangulating Peace: Democracy, Interdependence, and International Organizations* (New York: W.W.Norton & Company, 2001).

고 있다는 점을 든다. 이 과정에서 중국은 점차 국제적 규범과 규칙을 수용하게 되고 다양한 국제제도들이 중국의 행태에 제약으로 작동하기 때문에 현재의 국제질서에 충격적인 변화를 가져올 수 있는 선택을 할 가능성은 지극히 낮다는 것이다. 세 번째로 민주평화론(democratic peace theory)와 근대화론(modernization theory)에서 주장하는 것처럼, 경제성장이 지속적으로 이루어지고 중국에서 민주주의가 제도화면서 중국은 대외 팽창주의적 정책을 취하지 않을 것이라는 전망이 낙관론의 주요한 축을 이루고 있다.[17]

2013년 미중 정상회담에서 양국의 정상들이 합의한 "신형대국관계"라는 용어는 이러한 낙관론을 뒷받침하는 근거로 제시되기에 부족함이 없어 보인다. 미중이 과거의 갈등적 관계에서 탈피하여 협력적 관계를 구축하겠다는 선언은 미래의 세계질서에 대한 장밋빛 전망을 갖게 한다. 회담 후 브리핑에서 톰 도닐런(Tom Donilon) 국가안보보좌관은 미래에 미중간의 갈등은 피할 수 없을 것이라는 주장을 논박하고 미국은 미중관계가 불필요하게 전략적 라이벌 관계로 악화되지 않도록 최선을 다할 것이라고 말했다.[18] 2013년 미중 정상회담에 근거하여 현재 시점에서 미중관계의 미래를 전망하는 가장 유력한 시각은 낙관론이라고 말해도 별로 틀리지 않아 보인다.

그러나 미래의 미중관계를 전망하는 데 있어서 낙관론만이 있는 것은 아니다. 국제정치의 현실주의 이론은 미래의 미중관계를 비관적으로 전망한다. 지속적인 경제성장으로 중국이 세계 최대의 경제대국이

---

17) 근대화론 특히, 경제발전과 민주화의 상관관계에 관해서는 Seymour M. Lipset, "Some Social Requisites of Democracy: Economic Development and Political Legitimacy," *The American Political Science Review*, vol. 53, No. 1(1959), pp.69-105.를 참조할 것.

18) Tom Donilon, "Press Briefing by National Security Advisor Tom Donilon," <www.whitehouse.gov/the-press-office/2013/06/08/press-briefing-national-security-advisor>.

되면 경제력은 다시 군사력으로 이전되어 새로운 힘의 양극분포가 이루어질 것이다. 미어샤이머와 같은 공격적 현실주의자들의 주장대로라면, 힘이 강해질수록 중국의 목표는 팽창주의적 혹은 수정주의적이 될 수밖에 없으며 이에 대해 현상을 유지하고자 하는 미국과의 충돌이 불가피하게 된다는 것이다.[19] 미국이 중국에게 만족할 만한 양보를 제공하여 수정주의 정책을 포기하도록 한다 해도 중국의 요구 수준은 그 힘에 비례하여 커지게 되므로 양국 간의 갈등은 계속된다고 보는 것이다. 공격적 현실주의적 입장에 의하면 미국 역시 중국의 성장을 허용하지 않을 충분한 동기를 갖고 있다. 미국은 자국의 헤게모니적 지위에 도전하거나 그럴만한 능력이 있다고 판단되는 국가의 성장을 결코 용납하지 않을 것이며 필요에 따라서는 헤게모니 유지라는 목표를 달성하기 위하여 무력 사용도 불사할 것이라는 주장이다. 미국은 중국이 미국의 지위에 도전하는 것을 결코 인정하지 않을 것이며 필요하다고 판단되면 중국과의 무력 충돌도 불사할 것이라는 전망이라고 볼 수 있다.

공격적 현실주의의 전망만큼은 아니지만 방어적 현실주의 역시 미중관계의 미래를 비관적으로 본다. 케네스 월츠의 방어적 현실주의에서는 미국의 헤게모니적 지위가 강대국으로 떠오르는 중국에 의해서 도전받고 곧이어 세력균형의 상태에 들어갈 것으로 전망한다.[20] 유일한 헤게모니가 되기 위해서 중국의 부상을 사전에 저지하기 위해 노력하고 그 과정에서 불가피한 무력충돌을 상정하는 것은 아니지만 미국과 중국의 경쟁적 관계는 피할 수 없다고 본다. 비록 양국이 보유한 핵 억지 능력으로 인하여 대규모의 세계전쟁은 피할 수 있다고 하더라

---

19) John J. Mearsheimer, *The Tragedy of Great Power Politics* (New York: W.W. Norton & Company, 2001).

20) Kenneth Waltz, *Theory of International Politics* (Reading, Mass: Addision-Wesley, 1979).

도 안보 딜레마의 속성상 근본적인 경쟁구도와 갈등은 피할 수 없을 것으로 전망한다.

　그러나 미중관계는 낙관론이나 비관론 어느 하나의 시각만으로 설명 또는 예측하기 어렵다. 미중관계는 앞서 살핀 것처럼 '협력 속에서 갈등'과 '갈등 속에서 협력'이라는 틀 내에서 작동하고 있으며 이런 흐름은 당분간 큰 변화 없이 지속될 가능성이 크다. 구체적으로 미국의 동아시아 지역에서의 목표가 중국과 러시아 등 강대국이 지역패권으로 등장하는 것을 방지하고 동아시아 지역질서의 안정을 유지하며 동아시아 국가들과 한편에서는 협력적 관여(engagement) 정책을, 다른 한편에서는 갈등적 견제(hedging) 정책을 병용할 것이다. 미국은 중국의 협력 없이는 여러 세계 문제에 효과적으로 대응하기 어렵다는 인식 하에 중국을 국제사회의 책임 있는 상관자로서 대우하기 시작했다. 오바마 대통령의 "발전하는 중국을 봉쇄하지 않겠다"는 언급도 비슷한 맥락에서 나왔다고 볼 수 있다.[21] 미국은 금융위기 이후의 세계경기 회복문제, 국제금융질서 개편문제, 기축통화문제, 환경 및 기후 문제, 핵 비확산 문제, 국제테러문제 등을 중국과의 협력외교를 통하여 풀어나가려는 관여(engagement) 정책 기조를 유지할 것이다.

　그러나 이러한 협력 외교가 아무런 장애물 없이 원만하게 이루어지기 보다는 앞서 살핀 것처럼 전략적인 '중국 때리기'의 경향도 함께 나타날 가능성이 더 크다. 또는 오바마 대통령의 언급과는 달리 중국과의 협력관계는 미국의 제한적 규모의 봉쇄정책과 병행하여 시행될 수도 있다. 이런 맥락에서 미국은 미일동맹, 한미동맹, 미-호주 동맹, 그리고 인도와의 동반자 관계 구축, 그리고 동남아국가들과의 군사협력

---

21) 중앙일보 온라인 <article.joins.com/news/article/article.asp>.

관계 강화 등을 통하여 중국을 군사적으로 봉쇄할 수 있다. 직접적으로 '봉쇄(containment)'라는 표현은 쓰지 않고 있지만 중국의 입장에서 보면 봉쇄라고 느낄만한 징후는 여러 곳에서 나타나고 있다. 예를 들어, 최근 미국은 일본의 '집단적 자위권' 행사를 인정하는 방향으로 미일방위협력지침을 개정하기로 내부적으로 결정한 것으로 알려졌다.[22] 이 방침은 중국과 한국의 반대를 무릅쓰고 미일동맹을 강화하기 위한 조처로 해석되기에 충분하다. 미국은 또한 클린턴 국무장관 시절부터 동남아시아에 대한 관심을 높이고 이 지역에 미국의 영향력을 투사하고자 하는 의도로 보이는 결정들을 반복적으로 내려왔다. 아세안안보포럼(ASEAN Regional Forum)에 참가하기 시작하고, 동남아 우호협력조약(Treaty of Amity and Cooperation, TAC)에 서명함으로써 동아시아 지역협력에 관여할 수 있는 제도적 기반을 구축하는 한편, 2012년 에는 EAS(East Asian Summit)에 가입함으로써 동북아시아뿐만 아니라 동남아시아까지 전략적 요충지화 하고자 하는 의도를 드러내었다.[23] 주지하다시피, 이 지역은 중국이 역내 영향력을 극대화하고자 하는 지역이기도 하다. 만약 중국에 대한 군사적 봉쇄정책이 병행적으로 시행되지 않고 관여(engagement) 정책만이 실행되면 중국의 안보 불안을 희석시켜 중국이 모든 국가 역량을 경제발전에 진력하여 미국과의 격차를 더욱 짧은 시간 안에 축소시킬 수 있기 때문이다. 미국의 입장에서는 중국의 부상을 원천적으로 막을 수는 없다 할지라도 동아시아 지역 주도권을 중국에 완전히 넘겨줄 수는 없을 것이기 때문에, 대중 관여(engagement) 정책을 추진하되, 군사적 대립을 적정 수준 유지하는

---

22) 연합뉴스 온라인 <www.yonhapnews.co.kr/news/articles>.

23) 이재현, "Pivot to Asia는 계속될 것인가?: 오바마의 EAS 불참으로 본 Pivot to Asia의 미래," (아산정책연구원 이슈브리프, Oct. 17, 2013).

선에서 대 중 정책을 추진할 것으로 예상할 수 있다. 다르게 표현하면, 미국의 대중 외교정책은 아시아 역내에서 미국의 힘의 우위를 유지하면서도 중국을 수정주의자가 아닌 현상유지주의자로 머물게 하는 데 초점이 맞추어질 것으로 예상된다.

중국의 대미 정책 또한 갈등과 협력적 요소들을 함께 내포하고 있다. 중국의 대외 정책은 전통적 지정학론, 발전도상국 외교론, 신흥대국 외교론 혹은 강대국 역할론 등이 조합되어 나타나고 있다.24) 전통적 지정학론은 중국의 동아시아에서의 패권적 지위에 대한 열망을 품고 있으며 따라서 이 지역에서 영향력을 유지하고자 하는 미국과 경쟁관계가 불가피하다는 입장이다. 발전도상국 외교론은 중국정부의 기본방침이라고 평화발전론에 기초하고 있으며 기본적으로 미중간의 협력을 추구하는 입장이다. 2013년 오바마-시진핑 간의 미중 정상회담에서도 중국은 "미국의 지위에 도전하지 않을 것이고 협력적인 정책을 추진할 것이라는 인식을 강화시키기 위해 전반적인 관계의 틀과 실질적인 기반을 형성하기"25) 위하여 노력할 것을 피력했으며 시진핑이 제안한 '신형대국관계'에도 중국의 이러한 입장이 녹아 있다고 볼 수 있다. 다시 말하면, 중국은 최소한 당분간은 미중 간의 힘의 차이를 인정하고 경제발전에 집중하는 발전도상국 외교론이 대미 외교정책의 주류를 이룰 것으로 보인다. 문제가 되는 것은 중국의 지도부가 신흥강대국론에 얼마나 매력을 느끼는지의 문제이다. 신흥강대국론은 자국의 경제적 발전에 상응하는 국제적 위상을 확보해야 한다는 입장으로 미국에 대해서는 견제적 관여정책을 주문하고 있다. 문제는 중국의

---

24) 김홍규, "시진핑 시기 미중 새로운 강대국 관계형성 전망과 대한반도 정책," 『국방연구』, 제56권 제3호, pp.33-36.

25) 최우선, ibid, p. 5

지도부가 중국의 대외정책의 주요 기조로서 신흥강대국론에 얼마나 매력을 느낄 것인가에 있다. 실제로 중국은 미국의 이익과 첨예하게 대립하는 사안이 아니라면 대국으로서의 정체성을 보여줄 만한 행동들을 다수 보여주었다. 2003년 이후에 6자회담의 주최국으로서의 모습이라든지 2010년 이후의 영유권을 둘러싼 주변국들과의 갈등 등이 그 예라고 볼 수 있다. 이러한 모습들에서 '도광양회(韜光養晦)26)'를 넘어선 강대국으로서의 면모를 중국에게서 엿볼 수 있다.

결론적으로 미중 양국은 현재 시점에 있어서 양국 사이에는 극복할 수 없는 객관적인 힘의 차이가 존재한다는 인식 하에 협력적인 관계를 유지하고 있고 이런 추세는 당분간 큰 변화 없이 지속될 가능성이 크다고 하겠다. 그 속에서 미국은 중국의 성장 속도를 가능한 한 늦추기 위하여 부분적인 봉쇄정책을 펼칠 것이고 중국은 대국 역할론을 바탕으로 미국과의 대립이 첨예하지 않은 부분에서 나름대로의 성장을 도모해 갈 것으로 전망된다. 다시 말하면 중단기적인 미래의 미중관계는 전반적인 협력의 기조 속에서 물밑에서 치열한 수 싸움과 세력 경쟁이 펼쳐질 것으로 보인다.

---

26) 1990년대 덩샤오핑 집권 당시 중국의 외교정책 원칙을 일컫는 말로서, 국제적으로 영향력을 행사할 수 있는 경제력과 군사력을 기를 때까지 강대국의 눈치를 살피고 전략적으로 협조하는 정책을 말함.

4

동북아 질서의 변화 전망

앞서 언급한 것처럼, 미중 양국이 모두 관여와 견제 정책을 선택적으로 추구하는 동안 동아시아 질서는 중단기적으로는 힘의 우위 하에 중국의 성장을 컨트롤하고자 하는 미국의 노력과 그 구조 속에서 나름의 독자적인 세력을 키워가고자 하는 중국의 노력이 겹쳐지면서 더욱 복잡하게 전개될 것으로 보인다. 그러나 장기적으로 협력과 대립이 교차하는 양극 체제로 변모될 것으로 전망된다. 미국이 대중 군사 봉쇄 정책을 취할지라도 중국의 부상을 제어하기 보다는 시간을 지체시키는 데 그칠 것으로 보이며 양극체제로의 이행을 막기에는 그 비용이 너무 클 것이기 때문이다.

미중관계의 변화는 향후 동북아 질서의 변화를 의미하기도 한다. 미국은 다양한 방식으로 중국의 부상을 컨트롤하고자 할 것이다. 한편으로 국내적인 재정적 압박에도 불구하고 동아시아 지역에서 자국의 군사력을 그 목적에 맞게 재편할 전망이고 다른 한편으로는 이 지역에서 기존의 동맹관계를 강화하고 다자기구를 통한 영향력 증대에 힘을 쏟을 것으로 보인다. 중국을 효과적으로 견제하기 위한 수단의 방편으로 한국에 대해서도 더 많은 역할을 요구할 가능성이 크다. 중국 또한 이 지역에서 나름대로의 독자적인 세력을 구축하고 미국의 영향력을 축소시키기 위해서 미국의 핵심이익을 침해하지 않는 선에서 적극적으로 움직일 것으로 전망된다. 일본 및 동남아아시아 에서의 영유권 분쟁을 굳이 회피할 이유도 없다.

위와 비슷한 맥락에서 동아시아 다자주의에 대한 논의가 활성화될 것으로 보인다. 그동안 동북아에서는 강대국의 이해관계와 역사적인 특수성으로 인하여 지역안보협력을 제도화하는 데 한계가 있었다. 그러나 미중이 경쟁하는 상황에서 어느 한 쪽이 일방적으로 동북아 질서를 관리하기 어려워짐에 따라서 이익 균형을 위해 다자협력에 대한 관심이 점차로 높아지고 있는 것도 사실이다. 이미 아세안안보포럼(ARF)이 양자협력의 보완기제로 작용하고 있고 아세안+3도 동남아와 동북아를 연계하는 역할을 하고 있다. 여기에 북핵 문제 해결을 위한 6자회담도 동북아 다자안보체제로 발전시켜 나갈 수 있는 가능성을 열어 놓았다. 미국과 중국의 입장에서도 자국의 영향력을 양자관에 투영하는 것보다는 다자기구를 통하는 편이 부담이 덜 할 것이며 역내의 여러 국가들 또한 다자기구를 통한 협의체의 구성이 훨씬 더 용이한 선택이 될 것이다.

한국의 입장에서는 미중관계의 변화가 어려운 숙제를 안겨 주고 있다. 안보적으로 한미동맹에 의존하고 있고 경제적으로 중국의 영향력이 점점 더 커지고 있는 상황에서 어느 한 쪽을 택한다는 것은 미래의 미중 관계에서 올 수 있는 불확실성을 고려할 때 한국으로서는 지나치게 위험한 선택이라고 할 수 있다. 한미 동맹을 유지하면서도 한중 '전략 관계'를 발전시킬 수 있는 현명한 외교정책이 필요하다고 할 것이다. 따라서 한미 동맹을 유지하면서도 한반도 문제에 대한 중국의 우려를 불식시킬 수 있는 다양한 소통체계를 확립할 필요가 있다. 한반도에서 문제가 발생할 때마다 한미 동맹을 통해 문제를 해결하기 보다는 한미중이 동시에 참여하는 대화기제를 만드는 것도 고려해 볼 만하다.

참고문헌

김현욱. "미·중관계와 한반도 정세분석." 외교안보연구원, 2011년 5월.

김흥규. "시진핑 시기 미중 새로운 강대국 관계형성 전망과 대한반도 정책." 『국방연구』. 제56권 3호.

이태환. "오바마-시진핑의 미·중 정상회담과 한반도." 『정세와 정책』. (세종연구소), 2013 7월.

이재현. "Pivot to Asia는 계속될 것인가?: 오바마의 EAS 불참으로 본 Pivot to Asia의 미래." 『Issue Brief』. (아산정책연구원), 2013년 10월.

중앙일보 온라인. <article.joins.com/article/article.asp>.

연합뉴스 온라인. <www.yonhapnews.co.kr/news/articles>.

최우선. "미·중관계의 동향과 전망." (국립외교원), 2013년 10월.

황병덕·김규륜·박형중·임강택·조한범. "2011년 미·중 정사회담 평가: 동북아 및 한반도에의 함의." 서울: 통일연구원, 2011.

Clinton, Hillary. "America's Pacific Century. *"Foreign Policy*, Vol.189, No.1, November 2011.

Donilon, Tom. "Press Briefing by National Security Advisor Tom Donilon." www.whitehouse.gov/the-press-office/2013/06/08/press-briefing-national-security- advisor.

Koehane, Robert. *After Hegemony: Cooperation and Discord in the World Economy.* Princeton: Princeton University Press, 1984.

Keohane, Robert and Joseph, Nye. *Power and Interdependence*, 3rd ed. New York: Longman, 2001.

Kim, Dongsoo. "Between Denuclearization and Nonproliferation: U.S. Foreign Policy toward North Korea during the Obama Administration." *The Korean Journal of Security Affairs*, Vol.18, No.2, 2013.

Lipset, Seymour M. "Some Social Requisites of Democracy: Economic Development and Political Legitimacy." *The American Political Science Review*, Vol.53, No.1, 1959.

Mearsheimer, John. *The Tragedy of Great Power Politics*. New York: W.W.Norton & Company, 2001.

Russet, Bruce and John, Oneal. *Triangular Peace: Democracy, Interdependence, and International Organizations*. New York: W.W.Norton & Company, 2001.

Waltz, Kenneth. *Theory of International Politics*. Reading, Mass: Addison-Wesley, 1979.

제3부

오바마 행정부의 대 북한 정책: 전략적 인내[*]

1

서론

2009년에 오바마 행정부가 처음 출범했을 당시 한국과 미국의 전문가들과 정책 당국자들 사이에는 상당한 기대감이 충만해 있었다. 그들 사이에는 진보적이라고 평가받는 오바마 대통령은 전임 부시 대통령과는 상당히 다른, 이를테면 적극적인 대북정책을 펼칠 것이라는 기대감이 존재했다고 할 수 있다. 적극적인 대북정책이라는 것은 북한 핵문제를 해결할 수 있는 북미간의 대화와 타협에 미국이 적극적으로 나설 것이라는 기대감이었다. 그러나, 이런 세간의 기대와는 다르게 오바마 행정부는 '전략적 인내'라고 하는 상대적으로 강경한 대북정책을 임기 끝날 때까지 고수했고 결과적으로 부시 행정부와도 별 차별성을 보이지 못했다.

그렇다면 오바마 행정부는 왜, 그리고 어떻게 일반적인 기대와는 다르게 강성 정책을 취하고 임기가 끝날 때까지 유지하게 되었을까? 이 문제는 미국과 한국의 정책전문가들의 상당한 관심을 유발할 수밖에 없었다. 왜냐하면 행정부 2기의 정책기조는 1기의 정책기조와 달라지는 것이 일반적이었기 때문에 오바마 2기 행정부에서의 미국의 대북정책은 1기 때와는 다르게 적극적인 대화와 타협으로 흘러갈 것이라는 기대가 컸기 때문이다. 그러나, 다시 한 번 오바마 행정부의 정책은

---

* 본 장은 필자의 "The Obama Administration's Policy towards North Korea: the Causes and Consequences," Journal of Asian Public Policy, Vol.9, Issue 1 (2015)의 글을 번역·수정·보완한 것임을 밝힌다.

세간의 기대와는 다르게 '전략적 인내'를 끝까지 고수하였다. 오바마 행정부의 이런 강경한 대북정책은 미국의 대 쿠바 유화정책과 대 이란 타협 정책과 비교해도 쉽게 이해가 되지 않는 면이 있다. 오바마 행정부는 오랜 기간 적국이었던 쿠바와 외교관계를 회복하였고 이란과도 비핵화 협상을 타결지었다는 점을 고려하면 유독 북한에 대해서만 이런 강성 정책을 유지하였다는 점이 이해하기 어렵다는 것이다.

　이러한 배경 하에서 본 장은 오바마 행정부의 대북한 강경 정책, 즉 '전략적 인내'의 원인과 결과에 대해서 살펴보고자 한다. 먼저 오바마 행정부의 대 북한 정책의 성격을 파악하고 국제정치의 유력한 이론들을 활용하여 '전략적 인내'의 주요 원인을 분석할 것이다. 마지막으로 '전략적 인내'가 미국과 한국 외교정책에 대한 주요 영향과 다양한 결과들을 논의할 것이다.

(https://news.naver.com/main/read.nhn?oid=003&aid=0004406001)

<판문점 공동경비구역을 방문한 버락 오바마 미국대통령, 출처: 뉴시스>

오바마 행정부의 대북정책
'전략적 인내(Strategic Patience)'

2009년 오바마 대통령이 1기 행정부를 시작했을 당시, 많은 전문가들은 오바마 행정부가 대북 관여 정책, 즉 양국 간의 양자 대화를 곧 시작할 것으로 예측하였다. 취임연설에서 오바마 대통령은 적국과의 관계개선을 위하여 최선의 노력을 다할 것을 천명하였다.[28] 물론 여기에는 북한도 포함되어 있었다. 그러나 북한은 오바마의 이런 제안에 대하여 2009년 4월과 5월에 한 차례씩 다단계 미사일 발사로 화답하였다. 그 이후로 오바마 정부의 대북한 정책은 '전략적 인내'라는 강성 정책으로 변화하였고 임기가 끝날 때까지 그 기조에 변화를 보이지 않았다. '전략적 인내'란 북한이 비핵화에 대한 진정성을 가지고 진지하게 협상테이블로 돌아오기 전에 미국이 먼저 북한에 손을 내미는 일은 없을 것이라는 태도를 의미한다. '전략적 인내'의 주요 내용은 다음과 같다. 첫째, 미국은 북한에 대하여 비핵화를 위한 진지한 노력을 보여줄 것과 협상테이블로 돌아올 것을 요구한다. 이때 비핵화 협상테이블은 6자회담을 의미한다. 둘째, 미국은 중국에 대하여 북한의 비핵화를 위하여 노력할 것과 필요한 경우 대북 강경정책을 취할 것을 설득한

---

28) "Barack Obama's Inaugural Address," *New York Times*, 20 January 2009.
　　<http://www.nytimes.com/2009/01/20/us/politics/20text-obama.html?pagewanted=all>.

다. 셋째, 미국은 북한에 대하여 경제 제재와 무기 금수조치 등을 통하여 최대의 압박을 유지한다. 종합하면, 미국은 북한의 비핵화 노력과 정책에 대해서 관계 정상화와 경제원조를 제공하는 협상을 할 의사가 있지만, 미국이 먼저 나서지는 않는다는 것이 핵심이다.[29)]

오바마 대통령이 재선에 성공해서 2기 행정부가 출범한 2013년에도 또한 4년 전과 비슷한 전망이 우세했다. 즉, 1기 행정부와는 달리 2기 행정부에는 오바마 대통령이 전략적 인내 대신에 대 북한 관여 정책을 추진할 것이라는 전망이 더 우세하였다. 그러한 전망의 근거 중 하나는 2기 행정부는 통상 외교적 성과를 보여주기 위하여 유화 정책을 추진하는 경우가 많았다는 것이다. 클린턴이나 부시와 같은 전임자들의 경우에 이런 패턴을 발견할 수 있다. 두 번째 근거로 들 수 있는 것은 오바마 정부가 중국과의 관계개선을 위하여 북한을 활용할 수 있다는 전망이었다. 세 번째 근거는 오바마 대통령이 힐러리 클린턴을 대체할 새로운 국무장관으로 지명한 사람인 존 케리가 북한과의 양자대화를 옹호하는 인물이었다는 점 때문이었다. 그러나 이번에도 그런 낙관적인 전망은 빗나갔고 북한은 장거리 로켓 시험발사와 3차 핵실험으로 북미 간의 관계개선에 대한 기대는 물거품이 되고 말았다.

그 이후 오바마 행정부의 대북정책은 거의 변화를 보이지 않았다. 오바마 대통령의 안보보좌관이었던 도닐런(Tom Donilon)은 미국의 대북정책에 관한 네 가지 원칙을 발표하였는데 그 내용을 들여다보면,

---

29) Jangho Kim, Dongsoo Kim, Hyun-Wook Kim and Wootae Lee, *The Second Term Obama Administration's Policy Towards the Korean Peninsula* (2013, Seoul: Korea Institute for National Unification), pp.61-82.

첫째, 미국은 북핵 문제에 관하여 중국, 한국, 일본과 긴밀히 협력한다.

둘째, 미국은 북한의 나쁜 행동에 대하여 결코 보상을 하지 않는다.

셋째, 미국은 자국과 동맹국들의 안보를 지키기 위하여 할 수 있는 모든 노력을 다한다.

넷째, 미국은 북한으로 하여금 더 나은 길을 선택하도록 독려한다.[30)]

도닐런은 이어서 다음과 말한다.[31)]

"미국은 북한이 경제발전을 이루고 국민들을 잘 살게 할 수 있도록 도와줄 준비가 되어 있다. 그러나 그것의 전제조건은 북한이 지금 보여주고 있는 행태를 바꾸는 것이다. 미국은 북한과 협상테이블에 마주 앉을 준비가 되어 있다. 미국이 북한에게 원하는 것은 북한이 의미있는 변화와 약속을지 킬 준비가 되어 있다는 것을 먼저 보여주는 것이다."

다시 말하면, 도닐런은 북한이 먼저 움직이기 전에 미국이 먼저 움직이는 일은 없을 것이라는 점을 명확히 한 것이다. 글린 데이비스 당시 대북정책 특별보좌관도 미국의 대북정책에 관하여 이와 유사한 입장을 표명하였다. 그는 미 상원 외교위원회에서 다음과 같이 증언하였다.[32)]

---

30) Kim et al, 2013, pp.61-82.

31) Tom Donilon, "The United States and the Asia-Pacific in 2013," The White House (March 2013). <http://www.whitehouse.gov/the-press-office/2013/03/11>.

32) Glyn Davis T., "U,S. Policy Toward North Korea," U.S. Department of State (March 2013). <http://www.state.gov/p/eap/rls/rm/2013/03/205691.htm>.

"미국은 대화를 위한 대화는 하지 않을 것이다. 우리가 원하는 것은 북핵 문제의 실질적 해결을 위한 협상을 하는 것이다. 따라서 우리는 북한이 2005년 9.19 공동성명에서 명시된 핵심적 목표인 한반도의 비핵화를 검증할 수 있는 방식으로 달성할 수 있도록 북한이 진지하고 성실한 태도로 임할 것을 원한다. 그렇게 하기 위해서는 북한이 지금의 행태에 중요한 변화를 가져오는 것이 중요하다."

도닐런과 데이비스는 북핵 문제에 있어서 미국의 궁극적인 목표가 한반도의 완전한 비핵화라는 사실을 명확히 하였다. 도닐런은 "미국은 북한을 핵보유국으로 인정하지 않을 것이며, 미국을 북한이 미국을 목표로 삼는 핵과 미사일을 개발하도록 놔두지도 않을 것"이라고 말하기도 했다.33) 미국이 한반도의 완전한 비핵화를 궁극적인 목표로 하고 있다는 것은 중요한 의미를 갖고 있다. 비확산을 외교정책 목표의 하나로 추구해 왔다는 점을 생각하면, 미국의 한반도 비핵화 목표는 전혀 놀라운 것이 아니다. 오바마 대통령도 비확산과 핵무기 감축의 중요성에 대해서 여러 번 언급할 정도로 북한의 비핵화와 오바마 정부의 정책 기조는 상당히 일맥상통하는 면을 보인다. 그러나 미국의 북한 비핵화라는 정책목표는 그 목표를 달성하기 위한 미국의 행태 또는 구체적 정책과는 상당히 대조되는 면을 보이고 있다. 오바마 행정부의 몇 년 동안 소위 '전략적 인내' 정책은 북한이 먼저 변하기를 기다리는 것과 미국이 먼저 움직이지 않을 것을 핵심으로 하고 있기 때문이다. 다시 말하면, 오바마 행정부는 적극적인 정책 목표와 소극적인 정책 행위의 불일치를 보여주고 있는 것이다.

북한에 대한 이런 소극적인 정책과는 대조적으로, 오바마 행정부는

---

33) Donilon, ibid.

또 다른 NPT(Nuclear Non-Proliferation Treaty, 핵비확산조약) 체제의 도전국이라고 할 수 있는 이란에 대해서는 적극적인 자세로 임했다. 이슈의 초기 단계에서는 미국이 이란에 대해 다소 '강압적인(coercive)' 정책으로 이란의 정책변화를 유도하였다. 이런 강압적 정책에는 경제 제재, 정치군사적 압력 등의 방법이 포함되었고 이란을 테러지원국으로 지정하는 행정명령을 발동하는 방법도 동원되었다. 초기의 강압적 정책이 큰 효과를 거두지 못하자 오바마 정부는 이란과 협상에 돌입하여 마침내 2015년 7월에 포괄적인 비핵화 합의에 도달하였다. 다시 말하면, 이란에 대해서 오바마 정부는 때로는 강압적 정책으로, 때로는 유화적 정책으로 적극적으로 임하였고 마침내 이란 핵문제의 종결을 이끌어냈다는 것이다.

(https://news.joins.com/article/13221644)

<미국-이란 핵협상, 출처: 중앙일보>

오바마 정부가 북한 핵문제에 대해서 다소 소극적으로 임했던 것은 미국이 북한의 비핵화를 장기적 목표로 설정하고 단기적으로 비확산에 집중했기 때문이라는 시각도 존재한다. 미국의 정책 당국자도 이러한 시각을 표출한 적이 있는데, 예를 들면, 제프 베이더(Jeff Bader) 전 국가안보실 동아시아 담당 국장은 한 인터뷰에서 미국이 북한과의 비핵화 협상과정에서 완전한 비핵화보다는 북한의 핵프로그램을 동결 또는 지연시키는데 집중하고 있다고 고백한 바 있다.[34] 또한, 미 하원은 북한에 대하여 '국제적 경제제재를 요구하고 북한의 핵확산을 막을 수 있는 구체적인 조치를 취해줄 것을 중국에게 요구하는' 결의안을 승인한 바 있다.[35] 그 즈음, 중국 정부는 미국이 한반도의 비핵화를 진정으로 원하고 그것을 위하여 노력하고 있지 않다는 의구심을 갖고 있었다. 비록 공식적인 성명과 장기적인 목표에 있어서 한반도의 비핵화는 자주 언급되는 미국의 정책목표인 것은 확실하지만, 오바마 정부의 한반도 정책에 있어서의 전략적이고 단기적인 목표는 북한의 핵과 미사일의 비확산에 초점이 맞추어져 있었다는 비판적인 시각도 상당히 존재했다는 것을 알 수 있는 대목이다.

---

34) Mun Suk Ahn, "An Analysis of the Obama Administration's Foreign Policy and Security Policy," *The Korean Journal of International Studies,* Vol.51, No.3 (2011), p.94.

35) The Walter H. Shorenstein Asia-Pacific Center, "The North Korea Problem and the Necessity for South Korean Leadership," *Policy Report* (March 2013), p.2.

'전략적 인내'의 원인

외교정책과 외교정책 행태를 이해하기 위해서는 국제정치이론을 이해하는 것이 필수적이다. 본 절에서는 미국의 '전략적 인내'로 명명된 오바마 정부의 대북정책을 현실주의, 자유주의, 그리고 구성주의 등의 대표적인 국제정치이론으로 설명하고자 한다.

1) 현실주의의 시각: 위협과 동맹

두말할 나위 없이 현실주의는 국제정치 이론 중에서도 가장 강력하고 많은 지지를 받는 이론이다. 특히, 현실주의의 '세력균형' 이론은 국가들이 생존을 위하여, 그리고 생존의 확률을 높이기 위하여 국제체제 내에서 물질적 힘의 배분에 집중한다고 주장한다.[36] 세력균형 이론을 좀 더 세련되게 다듬은 이론은 '위협의 균형(Balance of Threat)'이론이라고 할 수 있다.[37] '세력균형' 이론과 '위협의 균형' 이론에서 공통적으로 발견할 수 있는 것은 국가들이 세계체제 내에서 그들의 현재 지위를 유지하기 위하여 그들에게 미치는 위협을 최소화할 수 있는 방향으로 행동한다는 것이다. 이러한 시각에 따르면, 미국은 북한의 핵

---

36) Kennneth N. Waltz, *Theory of International Politics* (New York: McGraw-Hill, 1979).

37) Stephen M. Walt, *The Origins of Alliances* (Ithaca, NY: Cornell University Press, 1987).

위협에 대하여 적극적으로 대응했어야 마땅하지만 오바마 행정부는 그렇지 않았다는 것이 문제라고 할 수 있다.

이 문제에 대한 가장 단순한 해답은 북한이 미국의 안보에 심각한 위협이 되지 못하기 때문이라는 것이다. 좀 더 정확히 말하면, 미국이 북한의 위협과 도발에 적극적으로 대응하지 않았던 것은 북한의 국가 안보에 심각한 위협으로 인식하지 않았기 때문이라는 것이다. 북한이 고도의 장거리 미사일 기술과 함께 실질적인 핵보유국이라고는 하지만 미국은 북한을 합리적 행위자로 보고 있고, 따라서 상호 억지가 성공적으로 작동할 것으로 보고 있다고 할 수 있다. 합리적 행위자라는 강력한 가정 없이는 핵무기의 상호 억지는 작용할 수 없다는 주장은 현실주의와 같은 합리주의적 시각에서는 아주 광범위하게 받아들여지고 있다.[38]

합리주의 가정 하에서 북한은 합리적 행위자로 간주되지만, 북한이 합리적 행위자라는 가정에 동의하지 않는 전문가들도 물론 상당수 존재한다. 그들은 북한을 전형적인 '광기의 생존자(paranoid survivalist)'의 국가 또는 '배신자 국가(renegade state)'로 묘사한다.[39] 그들은 한국전쟁 시작과 그 뒤에 이어진 일련의 도발들을 볼 때, 북한은 합리적인 행위자로 보기 어렵다는 점을 주목한다. 그러나, 북한 전문가 데이비드 강(David Kang)은 북한에 대한 비합리적 행위자의 가정을 폐기하고, 북한의 공격적인 행태는 생존을 담보하기 위한 합리적 행위, 즉 철

---

38) Frank C. Zagare and Marc D. Kilgour, *Perfect Deterrence* (United Kingdom: Cambridge University Press, 2000); Avery Goldstein, *Deterrence and Security in the 21st Century: China, Britain, France, and the Enduring Legacy of the Nuclear Revolution* (Stanford, CA: Stanford University Press, 2000).

39) David Kang, "International Relations Theoryand the Second Korean War," *International Studies Quarterly*. Vol.47, No.3 (September 2003).

저한 비용-편익의 사고방식의 결과물이라고 주장하였다. 비슷한 맥락에서 북한의 김일성 김정일 부자가 제 2의 한국전쟁을 일으키지 못하는 것도 그것이 비용-편익의 관점에서 물리적인 통일이 효율적이지 못하기 때문이라는 주장도 있다. 데이비드 강은 다음과 같이 주장한다.[40]

> "첫째, 만약 지도자가 미쳤거나 비합리적이라면 심리적 상태와 예상되는 결과 간의 인과적 연결고리를 찾기 힘들다. 둘째, 비합리성의 접근법은 허위성을 입증할 수 없고 사후 주장만을 가능하게 한다는 문제도 갖고 있다. 셋째, 비합리성을 설명 변수로 설정하면 북한의 어떠한 행위도 가능하다는 결론에 이를 수 있다. 다시 말하면, 북한이라는 국가와 그것의 지도자들에 대한 합리성 가정을 반박할 수 있는 설득력 있는 증거가 존재하지 않는다고 할 수 있다. 오히려 북한의 합리성과 그것에 바탕을 둔 스마트 외교와 벼랑끝 전술로 불리는 극단적 외교를 뒷받침하는 증거들이 훨씬 더 많이 존재한다는 사실을 인정해야 한다. 김일성과 김정일은 재임기간 동안 남북관계와 북미관계를 비롯한 국제문제에 있어서 그들의 정책목표를 달성할 수 있는 현명한 결정을 할 수 있다는 능력을 잘 보여주었다."

이러한 합리성의 가정을 받아들인다면, 왜 북한이 또 다시 남한을 공격하지 않았는지 그리고 왜 60년이 넘는 기간 동안 한반도에 전체적으로 평화가 유지되었는지도 이해할 수 있다. 그 가장 주요한 이유는 상호억지가 작용했기 때문이었다. 굳건한 한미 동맹은 북한으로 하여금 한반도에서의 전면전은 더 이상 선택사항이 아니라는 것을 인식하게 만들었고 어떤 종류의 전쟁도 북한에게는 재난과 같은 상황을 가

---

40) Kang, ibid, p.311.

져올 것이라는 점을 깨닫게 했다. 더욱이 지난 반세기 넘는 기간 동안 북한의 궁극적인 정책목표가 국가의 '생존'이었다는 점을 고려한다면, 북한이 미국을 상대로 전면전 또는 어떤 형태의 공격도 감행할 이유가 없다는 것을 알 수 있다. 이런 상호억지의 논리적 바탕 위에서 미국은 북한의 핵과 미사일 프로그램을 국가안보에 대한 심각한 위협으로 인식하지 않는 것이다. 이것은 비록 북한이 미국을 공격할 수 있는 능력이 있다고 하더라도 마찬가지이다. 만약 그렇지 않았다면 미국은 북한의 도발과 위협에 대하여 강압외교든 직접적인 양자 대화든 적극적으로 대처했을 것이다. 그러나 오바마 행정부는 두 가지 모두 적극적으로 고려하지 않았고 결국 '전략적 인내'라는 소극적 정책으로 일관하고 말았던 것이다.

이 문제에 있어서 또 하나의 중요한 요인은 현실주의 패러다임에 필수적인 요소인 '동맹(Alliance)'라고 할 수 있다. 미국은 동아시아에서 한국, 일본과 강력한 동맹을 이루고 있다. 오바마 행정부 당시 한미동맹은 굳건했고, 미국의 '아시아 재균형' 정책으로 인하여 한국과 동아시아는 미국의 세계전략에서 더욱 중요한 위치를 차지할 것으로 예상되고 있었다. 이러한 상황에서 북핵문제를 해결하기 위한 한국과 미국의 협력은 그 어느 때보다도 중요한 이슈가 되었던 것이다.

이 문제에 대해서 미국이 가장 우선적으로 취한 정책은 북한의 위협에 대응한 억지력을 강화하는 것이었다. 새로 구성된 '확장억지정책위원회(Extended Deterrence Policy Committee, EDPC)'는 핵 억지력과 비핵 억지력을 동시에 강화하기 위한 다양한 조치들을 실행하는 역할을 담당하였다. 실제로 확장억지력은 북한의 잠재적 공격에 대응하는 한국의 가장 중요한 방어능력에 해당되었다. 북한의 실질적 도발의 경우에도 미국이 핵무기로 대응할 확률은 매우 낮았다. 그것보다 더 현실적인 대안은 미국과 한국이 북한의 위협을 억지하기 위하여 미국의 핵무기를 활용하고 다양한 비핵 군사적 옵션들을 고려하는 것이었다.

북한의 위협에 대하여 강한 억지력을 확보한 이후, 미국의 정책 선호는 한국정부와의 협력 하에 북핵 문제를 다루는 것이었다. 이런 접근법은 '전략적 인내'의 몇 가지 중요한 원칙에도 명확히 제시되어 있었다. 따라서, 한국정부와의 협의 없이 독자적으로 북한과 협상을 이어나가는 것은 적절하지 않았으며 오히려 미국의 입장은 북한 핵문제를 다루는 데 있어서 한국 정부가 좀 더 큰 역할을 해줄 것을 기대하고 있었다고 볼 수도 있다. 만약 그렇다면, 한국정부의 입장은 미국의 대북정책에 결정적 영향을 미칠 수 있는 중요한 요인이 되는 것이었다.

김대중-노무현으로 이어지는 진보정부 10년의 기간 동안 남북관계는 상당한 진전을 보였으나 이명박 정부 이후에는 그렇지 못했다. 천안함 폭침 사건과 연평도 포격 사건 등 일련의 사건들은 남북관계를 악화시키기에 충분했다. 뿐만 아니라 여러 차례의 핵실험과 장거리 미사일 실험 등과 같은 북한의 군사도발 또한 남북관계를 얼어붙게 만든 중요한 요인이 되었다. 박근혜 정부 들어서도 남북관계는 진전되지 못하였고, 박근혜 정부의 대북정책의 트레이드마크였던 '신뢰정치(Trust Politik)'는 국민들과 북한의 신뢰를 얻는 데 실패하고 말았다. '신뢰정치'의 핵심은 남북이 신뢰를 쌓아 나가면 평화와 통일이 실현될 것이라는 낙관적인 기대라고 할 수 있는데, 결과적으로 남북이 신뢰를 쌓을 수 있는 제대로 된 기회조차 만들지 못하고 말았던 것이다. 박근혜 정부의 대북정책은 이명박 정부의 그것과 전혀 다르지 않았고 두 정부의 대북정책은 오바마 정부가 '전략적 인내'라는 소극적 대북정책을 고수할 수 있는 중요한 여건을 만들어 주었다고 할 수 있다.

2) 자유주의의 시각: 협상(Negotiation)과 평판(Reputation)

실제로 오바마 정부의 정책은 현실주의보다는 자유주의에 더 가깝다는 분석이 일반적으로 받아들여지고 있다. 자유주의 정책의 핵심은 국가 간의 협력과 리더쉽에 있다고 할 수 있는데 오바마 대통령이 강조한 미국의 리더쉽과 국가들 사이의 협력의 중요성이 자유주의의 정신과 일맥상통하였기 때문이다. 국제정치에서의 자유주의 전통은 국가 간의 분쟁 또는 세계적인 문제의 해결을 위한 궁극적인 방법으로서 협력과 타협을 중요시한다. 특히, 민주주의, 국제기구나 제도, 그리고 국가 간 상호의존 등이 글로벌 이슈를 해결하는 데 반드시 필요한 요인이라고 주장한다.41) 오바마는 자주 이런 자유주의 전통과 합치되는 정책을 피력하였고 실제로 정책으로도 입안하였다. 그는 다자주의와 국제기구의 중요성을 인식하였으며 그런 방식으로 테러리즘, 대량살상무기의 비확산, 기후변화 등 미국과 세계 공동체가 맞고 있는 문제들을 해결하려고 노력하였다. 그는 취임 연설에서 미국의 국가 안보가 군사력만으로 보장될 수 없으며 이상주의적인 요소들, 예를 들면 국가 간 협력, 절제, 겸손, 정의 등의 힘이 동반되어야 한다고 말했다.42) 이런 경험적 증거들을 종합해 볼 때, 오바마의 국제정치적 노선은 전임 부시 대통령과는 달리 현실주의보다는 자유주의에 가까웠다고 결론지을 수 있다. 그러나 오바마 정부의 이런 정책 기조는 미국의 대북정책에서는 쉽게 찾아볼 수 없었다. 앞에서 언급한 것처럼 오바마 정부의 대북정책은 북한과 양자대화를 한다거나 다자기구를 이용하는 등의 자유주의적 접근법이 아니라 북한이 먼저 변화하기를 기다리는 '전략

---

41) Paul R. Viotti and Mark V. Kauppi, International Relations Theory, 3rd ed. (Boston: Ally and Bacon, 1999), pp.199-229.

42) Ahn, ibid, p.87.

적 인내'였기 때문이다. 그렇다면 왜 그랬을까?

이 문제에 대한 한 가지 가능한 해답은 오바마 정부가 자유주의 이론에서 중요한 또 하나의 요소인 '평판'에 무게를 두었기 때문이라는 것이다. 미국은 북한이 협상을 할 수 있는, 신뢰할 만한 파트너가 아니라는 평판을 전 세계로 확산시키고자 하였다. 사실 미국은 지난 몇 십년 동안 북한이 대량살상무기 프로그램과 관련하여 여러 차례 미국을 기만하였다고 인식하고 있다. 오바마 정부는 북한이 소위 2.29 합의를 깬 이후에는 북한에 대해서 극도로 신중한 접근을 취해왔다. 2012년 2월 미국과 북한은 북한이 핵과 장거리 미사일 실험, 그리고 영변의 핵시설에서의 우라늄 농축을 동결하는 조건으로 대규모의 식량 원조를 제공할 것에 합의하였다. 뿐만 아니라 북한은 또한 IAEA 핵사찰단이 영변 핵시설로 복귀하여 핵시설의 불능화를 감독할 것에도 동의하였다. 그러나, 16일 후 북한은 장거리 미사일 기술을 활용한 인공위성을 쏘아올림으로써 합의를 폐기하고 말았다. 그 사건 이후 오바마 정부는 북한에 대해서 협상 파트너로서 신뢰할 수 없다는 인식을 더욱 강하게 갖게 되었다. 예를 들면, 당시 국가안보보좌관 도닐런(Tom Donilon)은 "미국은 위협에 굴복하거나 텅 빈 약속을 받아들이는 게임을 하지 않을 것"이라고 말하는가 하면, 전 국방장관 게이츠는 "미국은 똑같은 말을 두 번 사지 않을 것"[43]이라고 말하는 등 미국의 고위관리들의 발언은 한결같이 북한에 대한 부정적인 인식을 담고 있었다고 볼 수 있다. 만약 이 당시 미국이 북한을 진지한 협상의 파트너로 인식했다면 비핵화를 위한 대화에 더욱 적극적으로 나섰을 것이다. 북한의 핵문제에 대한 미국의 일련의 반응들을 보면 '신뢰'가 국제

---

43) Donilon, ibid.

관계를 결정하는 중요한 요인임을 부인할 수 없다. 더 나아가서 신뢰에 바탕을 둔 '평판(reputation)'은 국제 협상의 성공과 실패를 가르는 변수라고 할 수 있다. 미국과 북한 사이에는 충분한 신뢰가 형성되어 있지 않기 때문에 북핵을 둘러싼 양국 간의 협상은 쉽게 풀리지 않는 것이다. 오바마의 자유주의적 외교정책이 북한의 핵문제를 다루는데 성공적이지 못했던 것은 북한이 국제협상의 약속을 이행할 의지가 없었기 때문이기도 했지만 양국 사이에 신뢰관계가 형성되지 않았기 때문이기도 하다.

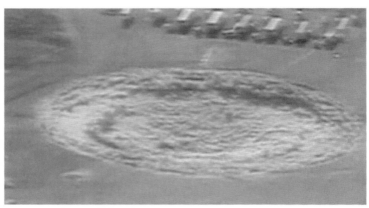

(https://news.sbs.co.kr/news/endPage.do?news_id=N1001635727)

<북한의 제3차 핵실험, 출처 : SBS뉴스>

3) 구성주의적 시각: 관행과 정체성

국제관계와 외교정책에 있어서 또 하나의 중요한 시각은 구성주의적 관점이다. 구성주의 이론은 국제관계와 외교정책에서 규범과 규칙, 정체성, 그리고 사회적 상호작용의 중요성을 강조하는 이론적 접근법이라고 할 수 있다. 구성주의이론은 행위자(국가)가 어떻게 이익이나 위협, 그리고 타 행위자와의 관계를 정의하는지 등을 분석의 단위로 삼는다. 국제정치에서의 구성주의이론의 기초를 다진 것으로 평가받는 웬트(Alexander Wendt)는 200개의 핵을 보유한 영국과 단지 2개의 핵만을 보유한 북한을 비교함으로써 구성주의 이론의 논리를 간명하게 보여주었다.[44] 즉, 미국의 입장에서는 500개의 핵을 보유한 영국보다는 단 2개의 핵을 보유한 북한이 더욱 큰 위협이 된다는 것이다. 왜냐하면 미국과 영국은 상호작용을 통하여 서로 우방으로서의 정체성을 키운 반면 미국과 북한은 서로 적대국으로서의 정체성을 키워왔기 때문이라고 웬트는 설명한다. 이와 같은 설명과 결론은 현실주의 이론에 의해서 설명하기 어려운 부분이므로 구성주의 이론과 같은 새로운 접근법이 필요하다고 웬트는 주장하였다.

구성주의 접근법은 오바마 행정부가 왜 북한 핵 문제를 해결하는 데 소극적으로 임할 수밖에 없었는지를 설명하는 데 효과적이다. 앞서 설명한 것처럼 현실주의와 자유주의가 그 나름의 설명을 제시하고 있지만, 구성주의의 정체성과 상호작용에 기초한 설명 또한 훌륭한 설명력을 보여준다. 구성주의적 설명에 의하면 오바마 정부는 북한과의 상호작용을 통하여 북한에 대하여 특정한 정체성의 인식을 발전시켰다. 다시 말하면, 오바마 정부는 북한을 미국의 안보에 대한 위협이 안 될 뿐만 아니라 진실된 협상의 파트너도 될 수 없다는 인식을 키워왔다고 볼 수 있다. 만약 북한이 안보 위협도 되지 않고 성실한 협상 파트너도 될 수 없다면 오바마 정부가 취할 수 있는 정책적 선택지는 '전략적 인내'와 같은 소극적 정책이 될 수밖에 없을 것이다. 앞에서 설명한

---

44) Alexander Wendt, "Anarchy is What States Makes of It: the Social Construction of Power Politics," *International Organizations*, Vol.46, No.2 (1992), pp. 391-425.

것처럼 미국은 북한이 합리적인 행위자이며 따라서 상호 핵 억지가 성공적으로 작동할 것이며, 따라서 북한의 핵을 중대한 안보위협으로 인식하고 있지 않다. 또한 지난 몇 십 년의 비핵화 협상과정을 통해서 북한은 신뢰할 수 있는 협상 파트너가 아니라는 인식을 강화시켜 왔다. 이러한 미국의 대북한 인식과 정책은 대 이란 인식과 정책과 대비되는 면을 보여주었다. 오바마 정부의 대 이란 정책은 대 북한 정책에 비하여 훨씬 강하고 적극적이었다. 구성주의 접근법의 설명에 의하면, 그 이유는 이란의 핵 프로그램은 이란이라는 국가의 문화적 종교적 정체성을 포함한 여타 이유로 미국에게 중대한 위협으로 인식되었기 때문일 수 있다. 미국은 이란과의 상호작용을 바탕으로 이란에 대하여 그러한 정체성을 발전시켜 왔던 것이다.

요약하자면, 미국은 북한의 정체성에 대하여 이중적인 인식을 발전시켜 왔다. 첫째, 미국은 북한의 핵 프로그램은 미국이 안보에 중대한 위협이 되지 못한다고 인식하였다. 왜냐하면 미국은 북한을 합리적인 행위자로 보고 있으며, 따라서 북미 간에 상호 핵 억지가 작용한다고 보았기 때문이다. 둘째, 미국은 그간의 북한과의 협상을 바탕으로 북한은 진지한 협상 파트너가 아니라는 인식을 발전시켜 왔다. 이러한 인식에 기초하여 오바마 행정부는 북한에 대하여 상대적으로 소극적인 '전략적 인내' 정책으로 일관하였으며 다른 선택의 여지가 없었다고 볼 수 있다.

4

'전략적 인내'의 결과

오바마 정부는 북한의 핵프로그램에 대하여 '전략적 인내'라는 다소 소극적인 정책으로 일관하였다. 그러나 결과적으로 '전략적 인내'는 북미관계와 동북아 안보에 중대한 결과를 초래하였다.

1) 북미관계의 교착화

지난 몇 십 년 동안 북한은 한반도 문제를 미국과의 양자 대화로 해결할 수 있기를 갈망해왔다. 한국의 대 북한 정책이 미국에 의해서 좌우된다고 보고 한국과 대화하기보다는 미국과 직접 문제를 풀고자 했다. 이런 경향은 1990년대 초 북한의 핵 이슈가 국제적인 관심을 끌면서 더욱 강해졌다. 핵과 장거리 미사일의 비확산이 미국의 세계전략 목표 중 하나인 것을 감안하면 북한의 입장에서 그것보다 더 미국의 관심을 끌 수 있는 이슈는 없다고 보아도 될 것이다. 그런 차원에서 북한은 핵을 개발하고 오바마 정권과 양자대화를 시도하였으나 별로 성공적이지 못했다고 볼 수 있다.

(https://www.voakorea.com/a/3682719.html)

<북한의 장거리 미사일 시험 발사 모습, 출처: 연합뉴스>

'전략적 인내'의 가장 중요한 결과는 북한 핵 이슈를 해결할 수 있는 여지가 없어졌다는 것이다. 앞에서 제시한 몇몇 미국의 전현직 관리들의 발언에서 볼 수 있듯이 오바마 행정부는 북한의 비핵화보다는 대량살상무기의 비확산에 더욱 큰 관심이 있었다. 북한은 핵을 포기할 의사가 없다는 점을 반복해서 강조했다. 2009년 이전에는 그들의 공식적인 입장은 안전보장과 적절한 경제적 보상이 주어지면 핵을 포기할 수 있다는 것이었으나 2009년 제2차 핵실험과 함께 북한은 비핵화를 공식적으로 거부하였다. 그 이후 북한의 공식적 입장은 북한은 핵 보유국이며 따라서 세계도 북한을 핵 보유국으로 인정해야 한다는 것이었다. 북-미 관계는 북한이 2012년 2.29 합의를 깨고 장거리 미사일을 발사했을 때, 그리고 2013년 제3차 핵실험을 감행했을 때 더욱 악화되었고 오바마 정부는 '전략적 인내'를 더욱 강화하게 되었던 것이다.

핵 보유국을 목표로 하는 북한의 의지와 오바마 정부의 '전략적 인내'의 결합은 북미 관계를 교착상태로 만들었다. 어느 쪽도 교착상태를 흔들고자 하는 강한 유인이 없는 상태라고 할 수 있었다. 특히, 오바마 정부는 미국의 한반도에서의 정책목표를 비핵화에서 비확산으로 변경한 상태에서 전략적 인내에 변화를 주어야 할 필요성이 없었던 것이다.

2) 북한의 핵능력의 강화

미국이 '전략적 인내'라는 소극적 정책을 고수하는 동안 북한은 핵과 장거리 미사일 능력을 눈에 띄게 향상시켰다. 그 기간 동안 북한은 세 차례의 핵실험과 그보다 더 많은 횟수의 미사일 실험을 계속했고 결과적으로 양적으로나 질적으로 상당히 기술적인 진보를 이루었다. 한 연구에 따르면, 북한은 플루토늄을 원료로 하는 영변의 핵시설에서 매해 2-3개의 핵무기를 제조할 수 있고, 고농축 우라늄을 원료로 하는 시설에서 매해 5-6개의 핵무기를 제조할 수 있는 능력을 갖추게 되었다.[45] 장거리 미사일에 관해서도 북한은 괄목할 만한 기술적 진보를 이루었고 그것을 2012년 은하 3호의 발사 성공으로 전세계에 과시하였다. 짧게 말하면, 주변국들이 신경 쓰지 못하는 사이에 북한은 그들의 핵과 미사일 능력을 체계화, 고도화시켜 가고 있었던 것이다.

3) 남북 관계의 악화

북미 관계의 교착화와 북한의 핵과 미사일 능력 향상은 남북 관계를 악화시키기에 충분했다. 북한의 핵과 미사일 도발로 인한 주변국들과

---

45) *Kim et al.*, 2014.

의 관계 악화가 심화되고 있는 상황에서 남북 관계만 홀로 협력과 화해의 모드로 나가는 것은 애초에 거의 불가능에 가까웠다. 미국과 한국은 강력한 동맹을 형성하고 북한의 도발과 위협에 대해서 공동 대응하는 것을 원칙으로 삼았으며, 따라서 경제제재와 압박으로 보조를 맞추었다. 미국과 한국의 정책은 또다시 북한의 위협과 도발을 부르는 악순환이 계속되었고, 이러한 패턴이 오바마 정부 당시의 남북 관계의 지배적인 양상이 되었던 것이다. 이런 적대적인 환경 하에서는 남북 관계를 개선시키고자 하는 어떤 노력도 성공하기 어려웠다고 할 수 있다.

(http://www.pressian.com/news/article.html?no=124331)

<2010년 워싱턴에서 열린 핵안보정상회의에서 이명박 대통령과
버락 오바마 미국대통령, 출처: 프레시안>

이명박 정부의 실패를 교훈삼아 박근혜 정부는 '신뢰정치(Trust Politik)'이라는 이름으로 남북 관계의 틀을 바꾸고자 하였다. '신뢰정치'란 곧 남북 관계의 악화가 신뢰의 부재에 그 원인이 있다고 보고 남북 간의 신뢰를 회복함으로써 관계 개선을 꾀하고 나아가서 통일의 기초를 다지겠다는 의지가 담겨 있었다고 할 수 있다. 그러나 북한의 핵과 미사일 문제가 해결되지 않고 점점 더 악화되고 있는 상황에서는 남북 관계가 진전할 수 있는 여건 자체가 만들어지지 않았다고 할 수 있다.

<u>5</u>

결론

　'전략적 인내'는 오바마 정부 당시 미국의 대 북한 정책을 가리킨다. 오바마 행정부는 특정한 짧은 시기를 제외하고 임기 내내 북한에 대해서 '전략적 인내' 정책을 유지하였다. 본 장은 왜 오바마 행정부가 극단적인 소극 정책이라고 할 수 있는 '전략적 인내'를 고수했는가라는 질문에서 시작하여 '전략적 인내'의 성격과 특징을 규명하고 그것의 원인을 국제정치의 주요 이론의 관점에서 검토하였다. 또한, '전략적 인내' 정책이 동아시아 안보에 어떤 결과를 가져왔는지를 검토하였다.

　'전략적 인내'로 명명된 오바마 정부의 소극적 대북 정책은 국제관계의 주요 이론으로 설명할 수 있다. 첫째, 국제정치의 가장 강력한 패러다임인 현실주의의 관점에 따르면, 오바마 정부의 '전략적 인내'는 북한의 대량살상무기 프로그램이 미국의 안보에 큰 위협이 되지 못한다는 인식에 기초하고 있다고 설명할 수 있다. 이러한 설명은 기본적으로 북한이 합리적 행위자라고 보는 인식이 깔려 있고 따라서 미국과 북한 간에는 상호 핵 억지가 성공적으로 작동한다는 논리가 성립되기 때문에 가능하다. 현실주의 패러다임에서 중요한 또 다른 하나의 변수는 동맹인데, 미국은 동아시아, 특히 한반도에 한국이라는 중요한 우방국을 동맹으로 보유하고 있으며, 대 북한 정책을 입안하고 집행하는 데 있어서 한국의 역할을 중요하게 고려하고 있다. 북한의 핵과 미사일 문제를 다루는 데 있어서 오바마 정부는 한국의 이명박-박근혜 정부가 더 중요한 역할을 해줄 것을 기대하면서 북한 문제 해결을 한국 정부에게 일정 부분 떠넘기는 입장을 취했다고 볼 수 있다. 자유주의적 관점에서 보면, 오바마 정부는 북한을 협상을 위한 성실한 파트너로 인정하지 않았기 때문에 북한과 진지한 협상에 임하기를 꺼려했다고 볼 수 있다. 실제로 미국에는 북한이 이미 여러 번 미국을 속였으며 더 이상 북한에게 속지 않겠다는 인식이 강하게 깔려 있다. 만약 미국이 북한을 신뢰했다면 오바마 정부는 북한의 핵과 미사일 이슈를 해결하기 위해서 적극 나서 북한과 양자 대화 또는 다자 대화를 마다하지 않았을 것이다. 마지막으로 미국이 그동안의 북한과의 상호작용에 근거하여 북한의 정체성에 대해서 특정한 인식을 발전시켜 왔다는 점에서 구성주의적 시각에 의해서 분석할 수도 있다. 오바마 정부는 북한이 합리적 행위자이면서 동시에 신뢰할 수 없는 협상 파트너라는 인식을 갖고 있고 이러한 인식이 오바마 정부로 하여금 북한에 대해서 '전략적 인내'라는 소극적인 정책을 고수하도록 만들었다는 것이다.

또한 '전략적 인내'는 동북아시아 안보에 중대한 결과를 가져왔다. 첫째, '전략적 인내'는 북미 관계를 교착상태에 빠지게 했다. 둘째, '전략적 인내' 정책으로 인하여 북한은 그들의 핵과 미사일 능력을 고도화시킬 수 있었다. 그 기간 동안 북한은 세 차례의 핵실험과 그보다 더 많은 횟수의 미사일 실험을 시행하였다. 셋째, '전략적 인내' 정책으로 인하여 남북 관계가 더욱 악화되었다. 한 마디로 말하면, 동북아의 안보는 오바마 정부의 '전략적 인내'라는 소극적인 대북정책으로 인하여 훨씬 악화되었으며, '전략적 인내'는 실패한 정책이라고 정의할 수 있다.

참고문헌

Ahn, Mun Suk, "An Analysis of the Obama Administration's Foreign and Security Policy from the Perspectives of International Relations Theories," *The Korean Journal of International Studies*. Vol. 51, No. 3 (2011).

"Barack Obama's Inaugural Address," *New York Times* (20 January 2009) at <http://www.nytimes.com/2009/01/20/us/politics/20text-obama.html?pagewanted=all>.

Davies, Glyn T, "U.S. Policy Toward North Korea," U.S. Department of State (7 March 2013) at <http://www.state.gov/p/eap/rls/rm/2013/03/205691.htm>.

Donilon, Tom, "The United States and the Asia-Pacific in 2013," The White House (11 March 2013) at <www.whitehouse.gov/the-press-office/2013/03/11>.

Goldstein, Avery, *Deterrence and security in the 21stCentury: China, Britain, Franceand the Enduring Legacy of the Nuclear Revolution* (Stanford, C.A: California: Stanford University Press, 2000).

Kang, David C, "International Relations Theory and the Second Korean War," *International Studies Quarterly*, Vol. 47, No. 3 (September 2003).

Kim, Jangho, Dongsoo Kim, Hyun-Wook Kim, Yongsoon Kim, Wootae Lee, *The Second Term Obama Administration's Policy Towards The Korean Peninsula* (Seoul: Korea Institute for National Unification, 2013).

Maloney, Suzanne, "Progress of the Obama Administration's Policy Toward Iran," Brookings Institution (15 November 2011) at <http://www.brookings.edu.research.testimony/2011/11/15-iran-policy-maloney>.

"Obama's state of the Union transcript 2010: Full test," *POLITICO* (27

January 2010) at <http://www.politico.com/news/stories/0110/32111.html>.

Olsen, Edward A, "The Arms Race on the Korean Peninsula," *Asian survey*, Vol. 26, No. 8 (1986).

The Chosun Ilbo (Chosun Daily), (13 May 2013).

Spector, Lenard S and Jacqueline R. Smith, "North Korea: The Next Nuclear Nightmare?," *Arms Control Today*, Vol. 21, No. 2 (1991).

The Walter H. Shorenstein Asia-Pacific Research Center, "The North Korea Problem and the Necessity for South Korean Leadership," *Policy report* (4 March 2013).

Walt, Stephen M, *The Origins of Alliances* (Ithaca and London: Cornell University Press, 1987).

Wendt, Alexander, "Anarchy is What States Makes of It: The Social Construction of Power Politics," *International Organization*, Vol. 46, No. 2 (Spring 1992).

Zagare, Frank C and D. Marc Kilgour, *Perfect Deterrence* (United Kingdom: Cambridge University Press, 2000).

제4부

트럼프 행정부의
대 동아시아와
한반도 정책*

1

서론

　2016년 11월 도널드 트럼프가 미국의 제45대 대통령으로 당선되었다. 대부분의 전문가와 언론이 민주당의 힐러리 클린턴 후보의 승리를 예상하였기 때문에 예상치 못한 트럼프의 승리는 미국뿐만 아니라 전 세계 사람들을 충격에 빠뜨렸다. 사실 선거 전과 선거 과정에서 보여준 기이한 언행들 때문에 트럼프는 세계의 리더가 되어야 할 미국을 이끌어 갈 인물로는 적절치 않아 보였다. 세계는 미국을 중심으로 협력하여 환경, 테러, 경제위기 등 전 세계 공동체의 문제에 공동 대처해야 하는 시기에 있기 때문이다. 반면에 클린턴 후보는 세계 문제에 대한 적극적인 대처 의지를 보여주면서 글로벌 리더로서 부족함이 없음을 전 세계에 알렸던 터였다.

　여하튼 트럼프가 미국의 대통령으로 당선이 되었고 그 후로도 2년 가까운 시간이 흘렀다. 트럼프 취임 당시의 예상은 트럼프가 정치인으로서 독특한 성격을 지녔기 때문에 트럼프 리더쉽 하의 미국도 예전과는 다른 정책목표를 추구할 것이라는 예상이 지배적이었다. 실제로 트럼프의 당선을 어느 전문가는 '위대한 기대와 위대한 공백의 시대(the

---

* 본 장은 필자의 "A Systemic Analysis of the Early Trump Administration: Implications for Northeast Asia and the Korean Peninsula," *The Korean Journal of Security Affairs*, Vol.23, No.1 (2018)을 번역·수정·보완한 것임.

age of Great Expectations and the Great Void)'로 묘사하기도 하였다.[47] 이런 평가가 트럼프 하의 미국외교정책의 중대한 변화를 예견하는 것이라고 할 수 있다. 선거에서 트럼프의 캐치프레이즈였던 '미국 우선(America First)'이나 '미국을 다시 위대하게(Make America Great Again)' 같은 구호 또한 트럼프가 집권하게 되면 미국에 많은 변화가 있을 것이라는 점을 말해주고 있었다. 더 나아가서 많은 국제관계 전문가들은 트럼프가 집권하게 되면 지난 몇 십 년 간 미국의 리더쉽에 의해서 유지되어온 세계 공동체의 안정성이 위협받게 될 수 있다는 우려를 나타내기도 하였다.

그렇다면 이 시점에서 다음과 같은 질문들을 생가해 볼 수 있다. 트럼프는 미국의 전임 대통령들과 정말로 다른가? 트럼프 리더쉽 하의 미국외교정책은 과거와 다를 것인가? 더 나아가서 트럼프가 내걸었던 공약들은 정말로 비정상적인가? 본 장에서는 이러한 질문들에 대한 답을 찾아보고자 한다. 본 장은 다음과 같이 구성되어 있다. 다음 절에는 트럼프 외교정책에 대한 기존의 분석을 검토할 것이다. 그리고 나서 트럼프 정책을 분석할 수 있는 이론적 틀을 제시하고 그 틀을 활용하여 트럼프의 외교정책을 분석할 것이다. 마지막 절에서는 본 연구의 주요 발견들을 요약하고 트럼프 정책의 동아시아 또는 한반도에서의 함의를 논할 것이다.

---

47) Andrew J. Bacevich, "The Age of Great Expectations and the Great Void: History after the End of History." <http://americanempireproject.com/blog/the-age-of-great-expectations-and-the-great-void/>.

2
트럼프 정책에 대한 기존 연구 검토

트럼프의 외교정책에 관해 가장 광범위하게 공유되는 관점은 그가 전임 미국의 대통령들과는 다르다는 점이다. 선거 과정에서 그가 내걸었던 공약들을 보면 그의 전임자들이 보여주었던 외교정책과의 차이를 훨씬 넘어서는 변화를 읽을 수 있다. 전문가들은 트럼프가 "그의 전임자들과는 지극히 다른 외교정책을 강력히 지지할 것"[48] 또는 그가 "제2차 세계대전 우리가 알고 있던 미국의 국익을 현저히 다른 방식으로 정의"[49]한다고 지적하였다. 전문가들이 트럼프의 외교정책을 모두 동일하게 규정하고 있는 것은 아니지만, 그가 안정적인 자유주의 세계질서로 대표되는 기존의 미국 중심의 세계질서를 심각하게 훼손할 것이라는 점에 대해서는 대체적으로 동의하고 있다. 다시 말하면, 트럼프 외교정책에 대한 기존의 시각은 미국의 전임 대통령들과 다르다는 것이고, 그러므로 미국 중심의 세계질서도 변화를 맞을 수밖에 없다는 것이라고 요약할 수 있다.

---

48) Robert Jervis, "President Trump and IR Theory," ISSF Policy Series, January 2, 2017. <https://issforum.org/roundtables/policy/1-5b-jervis>.

49) Charles Krauthammer, "Trump's Foreign Policy Revolutions," *The Washington Post*, Jan. 26, 2017. <https://www.washingtonpost.com/opinions/global-opinions/trumps-foreign-policy-revolution/2017/01/26/c69268a6-e402-11e6-ba11-63c4b4fb5a63_story.html?utm_term=.1a3006c31b05>.

(https://news.naver.com/main/read.nhn?oid=001&aid=0008812797)

<제45대 미국 대통령에 당선된
도널드 트럼프 미국대통령, 출처: 연합뉴스>

트럼프의 외교정책에 대한 두 번째 시각은 그것을 국제정치의 이론, 특히 현실주의적 시각과 연관 짓는 것이다. 사실 트럼프에 대해서 부정적인 많은 전문가들은 트럼프의 외교정책이 일관성이 없고, 충동적이며, 파편화된 생각들의 단순한 조합이라고 비판한다.[50] 그러나 반면에 트럼프를 지지하는 쪽에서는 트럼프의 외교정책이 국제정치의 현실주의와 닿아 있으며, 따라서 이론적인 일관성을 견지하고 있다고 주장한다. 전통적인 현실주의와 완벽히 일치하지는 않지만 트럼프 외교정책의 핵심 주장은 현실주의의 관점에 기반하고 있다는 것이다. '미국을 다시 위대하게(Make America Great Again)'나 '미국 먼저(America First)'와 같은 선거 구호는 국제관계 이론 중 현실주의를 떠올리게 하

---

50) Don Zakheim, "Trump Must Be Stopped," *The National Interest*, Mar. 5, 2016. <http://nationalinterest.org/feature/trump-must-be-stopped-15408>.

는 것은 사실이다. 더욱이 트럼프가 '국력(power)'이라는 단어를 자주 사용한다는 사실은 그의 생각이 현실주의 이론과 일맥상통하고 있다는 것을 보여준다. 그의 지지자들 뿐 아니라 그에 대해 부정적인 사람들도 트럼프가 "제2차 세계대전 이전에는 결코 강력하지 못했던 국력에 관한 아주 낡은 생각"[51]에 사로잡혀 있다고 말하며 현실주의적 관점을 간접적으로 표현하였다. 현실주의자들은 기본적으로 국제기구나 제도의 가치와 중요성에 대해서 비관적이고, 국가 간 협상 혹은 정책조정을 단순히 국제정치의 있어서의 힘의 분배 양상과 결합된 전략적 선택의 결과라고 본다. 트럼프 외교정책의 현실주의적 요소에 대해서, 월트(Stephen Walt)는 "미국의 주요 동맹국들이 무임승차를 한다거나 또는 미국의 외교정책은 미국의 국익을 우선적으로 추구해야 한다는 그의 시각은 현실주의적"이라고 정리하였다.[52]

트럼프 외교정책의 또 다른 하나의 해석은 고립주의에 대한 시각이다.[53] 트럼프는 앞으로 미국은 세계 문제에 개입을 최소화하고 국내문제, 특히 경제에 집중할 것이라고 말하면서 고립주의적 접근법을 드러낸 것이 사실이다. 트럼프 본인은 부인하고 있지만 전임 대통령과 정부에서 승인한 국제 합의, 특히 FTA 등 경제 관련 합의를 반대한다는 것 자체가 고립주의의 성향이라는 것을 부정할 수 없다. 안보 문제에 있어서도 고립주의 성향을 보이는데, 트럼프는 미국이 주도하여 설립하고 미국의 세계전략에 중요한 부분을 차지해온 UN(The United

51) Thomas Wright, "Trump's 19th Century Foreign Policy," *Politico*, Jan. 20, 2017. <http://www.politico.com/magazine/story/2016/01/donald-trump-foreign-policy-213546>.

52) Stephen M. Walt, "Could There Be a Peace of Trumphalia?" *Foreign Policy* (Nov. 14, 2016). <http://foreignpolicy.com/2016/11/14/could-there-be-a-peace-of-trumphalia>.

53) Sunhee Lee, Joongwan Kim and Hanbeom Jeong, "The Nature of U.S. Isolationism in U.S. Foreign Policy Viewed in the Trump Phenomon," *Journal of Korean Political and Diplomatic History*, Vol. 38, No. 1 (Aug. 2016), pp. 281-314.

Nations)이나 NATO(North Atlantic Treaty Organization)와 같은 다자 안보기구를 구시대의 유물로 치부하고 그것의 중요성을 폄하하기도 하였다.[54] 이런 면에서 많은 전문가와 비판자들 사이에서 트럼프는 기존의 질서를 허물려는 위험한 인물로 인식 되고 있다.

위의 해석들이 트럼프 행정부의 외교정책에 대한 나름의 정당한 분석을 제공해 주는 것은 사실이지만 체계적이거나 완전한 분석이라고 할 수는 없다. 트럼프 정책의 특정한 면을 부각시키거나 중요한 성격에 대한 분석을 간과했다. 따라서 본 장에서는 국제정치이론과 인간의 필요 이론을 결합한 외교정책의 분석틀을 활용하여 트럼프의 외교정책을 좀 더 체계적으로 분석하고자 한다.

---

54) Bruce W. Jentleson, "Global Governance, the United Nations, and the Challenge of Trumping Trump," *Global Governance*, Vol. 23 (2017), pp. 143-149.

3

이론적 분석의 틀

외교정책이란 '국가의 목표를 추구하기 위하여 국가의 범위를 넘어서는 행동에 대한 지침(a guide to actions beyond the boundaries of the state to further the goals of the sta)'라고 정의된다.[55] 다시 말하면, 외교정책이란 국가의 목표를 달성하기 위해서 취해지는 정책이라고 할 수 있다. 정책이란 것을 원하는 결과를 얻기 위해 행해지는 행위의 집합이라고 정의할 때, 정책결정자는 어느 특정 상황에서 특정한 목표를 달성하기 위해 특정한 방법을 선택한다.[56] 외교정책의 목표와 방법은 현실주의, 자유주의, 구성주의 등 국제관계의 이론뿐만 아니라 인간의 필요(Human Needs) 이론에 관한 토론도 참고할 필요가 있다.[57] 국제관계 이론과 인간 필요 이론에 기초하여, 국가의 외교정책 목표는 '안보', '경제적 번영', 그리고 '공동체'의 이익으로 구분할 수 있다.

'공동체' 가치는 국제관계 이론의 구성주의와 인간 필요 이론의 사회적 관계(social affiliation)에 근거하고 있다. 여기서 개별 정책결정자가 정책결정을 할 때에 가장 강하게 느끼는 관심과 이익이 '공동체'에 있다는 것이다. 정책결정자가 평등, 보편성, 일반성과 같은 통합의 가치를 강조한다면 보다 포괄적인 공동체를 표방하게 될 것이다. 국제정

---

55) David Kinsella, Bruce Russett and Harvey Starr, *World Politics: The Menu for Choice*, 10thed. (New York: Wadsworth, 2013), p.99.

56) William O. Chittick, *American Foreign Policy* (Washington, DC: CQ Press, 2006), p .4.

57) David C. McClelland, *Human Motivation* (Cambridge: Cambridge University Press, 1987).

치 혹은 외교정책에서 이런 관점은 '세계주의자'로 일컬어진다. 만약 행위자가 자유와 독립 등의 가치와 좀 더 배타적인 공동체를 중요시한다면, '공동체주의자'로 불릴 것이다. 그러므로 공동체의 영역은 가치와 목표의 관점에서 통합(unification)이라는 한 쪽 극단에서 '독립(independence)'이라는 다른 쪽 극단까지 다양한 형태를 띨 수 있다.

외교정책의 세 영역을 설명할 때 그것의 목표뿐만 아니라 수단도 중요할 수밖에 없다. 한편으로 통합된 공동체를 중요시하는 행위자는 동맹국들 혹은 동일한 이익을 추구하는 타국들과 보조를 맞추어 행동하는 다자주의(multilateralism)의 원칙에 따라서 행동할 것이다. 반대로, 자국의 이익을 일방적으로 추구하는 원칙은 일방주의(unilateralism)라고 부른다. 따라서 공동체의 차원은 다자주의-일방주의 스펙트럼으로 분석할 수 있다.

안보의 가치는 국제관계 이론의 현실주의와 인간 필요 이론의 권력 개념에 기초한다. 안보라는 목표는 행위자가 느끼는 위협의 정도와 밀접하게 연관되어 있는데, 행위자가 높은 수준의 위협을 느끼면, 그만큼 높은 수준의 안보를 제공할 수 있는 상황을 요구할 것이고, 낮은 수준의 위협을 느낀다면, 그만큼 낮은 수준의 안보 상황에도 만족할 수 있다는 설명이 가능하다. 따라서, 안보 영역은 한 쪽 극단에 '지배(domination)', 그리고 다른 한 쪽 극단에 '포용(accomodation)'의 스펙트럼 상에서 움직인다고 할 수 있다.

행위자의 안보 목표의 선택은 방법의 선택에도 영향을 준다. 국가와 같은 외교정책 행위자가 '지배(domination)'를 추구하게 되면, 그 목표를 달성하기 위해 물리적 힘(force)이나 강제력(coercion)을 사용하게 될 가능성이 높다. 물리적 힘은 다른 국가로 하여금 자국의 의사에 반하는 무엇인가를 하도록 강제하는 능력을 말한다. 그것은 군사력의 사용이나 위협을 포함할 수 있고, 또 경제적 수단을 포함할 수도 있다. 안보 위협을 느끼는 정도가 현저히 낮고 진정한 안보는 상호 동의에 기초한다고 느낀다면, 그 국가 행위자는 협상 혹은 설득과 같은 비강압적 방법을 쓸 수 있을 것이다. 따라서 안보 목표를 달성할 수 있는 수단은 강압적-비강압적 방법의 스펙트럼의 위에 있다고 볼 수 있다.

마지막으로, 공동체와 안보의 목표와 함께, 경제적 번영의 목표 또한 외교정책 행위자의 중요한 이익으로 간주될 수 있다. 경제적 번영이라는 가치는 일차적으로 자국의 문화와 경제에 대한 자신감과 결부되어 있다고 볼 수 있는데, 일반적으로 자국의 문화와 경제에 자신감이 클수록 타국에 대해 개방적인 외교정책을 추구할 가능성이 크다. 자신감이 있는 국가는 타국과의 관계에 있어서 개방적인 관계를 두려워하지 않는 반면에, 자신감이 결여된 국가는 자국 경제와 문화에 대한 악영향에 대한 두려움 때문에 타국과의 개방적인 관계를 두려워하는 경향이 있다.

경제적 번영이라는 목표를 성취하기 위한 방법에 있어서 국가와 같은 행위자들은 적극적인 개방정책과 소극적이고 방어적인 보호정책 사이에서 고민할 수 있다. 적극적인 개방정책은 국제무대에서 적극적으로 타국과 교류하고 관계를 증진하고자 하는 반면에 소극적, 수동적인 보호정책은 국제체제에 관여를 최소화함으로써 자국을 보호하고자 한다. 따라서 경제적 번영을 위한 수단은 적극적(proactive)이냐 혹은 수동적(reactive)이냐로 구분할 수 있다.

<u>4</u>

트럼프 행정부의 외교정책 분석

위에서 설명한 분석틀에 따라서 각 행정부의 외교정책의 성격을 규정할 수 있다. 각 행정부의 외교정책은 공동체의 영역에서는 다자주의 (multilateralism)-일방주의(unilateralism)의 틀로, 안보 영역에서는 강압적(coercive)-비강압적(non-coercive)의 틀로, 경제적 번영의 영역에서는 적극적(proactive)-수동적(reactive)의 틀로 분석할 수 있다. 여기서는 트럼프 행정부의 정책을 본격적으로 분석하기 전에 이전 정부에 대한 분석이 먼저 이루어질 것이다. 왜냐하면 그렇게 함으로써 트럼프 정부가 이전 정부와 얼마나 다른지에 대한 평가가 가능하기 때문이다.

1) 전통적인 미국외교정책의 근본 원칙

제2차 세계대전 이후 미국의 대전략은 대체적으로 '자유주의적 헤게모니'에 기초해 있었다. 다시 말하면, 미국은 전후 반세기 동안 다양한 수단을 동원하여 전 세계에 친미적인 자유주의적 질서를 건설하고자 노력하였고 상당한 성공을 거두었다. 그 수단에는 안보 및 경제에 관한 다자기구 건설, 민주주의와 자본주의의 확산, 그리고 필요한 경우 막강한 군사력의 사용 등이 포함된다.[58] 냉전 기간에는 미국이

---

58) Barry Posen, *Restraint: A New Foundation for U.S. Grand Strategy* (Ithaca: Cornell

주도하는 질서가 소련이 주도하는 공산주의적 질서와 경쟁관계에 있었으나 1980년대 후반과 90년대 초반에 걸쳐 현실 사회주의가 무너지고 냉전이 해체되면서 미국 주도의 자유주의적 질서는 한층 더 강화되었다. 냉전 이후 '신세계질서(New World Order)'를 구축한 미국은 양극이나 다극체제가 아닌 단극체제에서 유일한 강대국으로서의 지위를 누려왔으며, 미국의 패권적 지위에 대한 도전을 상상하기 힘들었다. '역사의 종언(The End of History)'은 미국 주도의 '자유주의적 패권(Liberal Hegemony)'의 승리를 전 세계에 선언한 것이나 다름 없다.[59]

냉전 이후 미국의 각 행정부들은 '자유주의적 패권'이라는 이상을 조금씩 다른 방식으로 추구하였다. 클린턴은 자유민주주의의 확장과 구 공산권 국가들의 세계질서에의 편입을 의미하는 '확장(enlargement)과 관여(engagement)'라는 이름의 전략으로 그 목표를 달성하고자 했다. 클린턴은 특히 교토 의정서에 합의하고 안보동맹체제를 강화하는 등 다자주의적 방법을 선호하였고, 미국의 이상을 전 세계로 확산시키기 위하여 세계 문제에 적극적으로 개입하는 것을 주저하지 않았다. 클린턴은 한 마디로 비확산, 테러리즘, 싸이버안보, 환경, 경제통합 등 다양한 국제 이슈에 능동적으로 관여함으로써 미국외교정책의 '국제주의(internationalism)'의 적극적 옹호자가 되었다.

University Press, 2014).

59) Francis Fukuyama, *The End of History and the Last Man* (New York: Harmondsworth, 1992).

(https://www.politico.eu/article/bill-clintons-unfinished-business-in-israel-shimon-peres-palestine-yasser-arafat/)

<재임 당시 이스라엘-팔레스타인 중재 외교에 나선 클린턴 대통령, 출처: GettyImage>

그 다음에 들어선 부시 행정부는 세계 문제를 처리하는 데 있어서 전임 클린턴 행정부와는 사뭇 달랐다. '자유주의적 패권'의 원칙은 여전히 고수하고 있었지만 그것을 추구하는 방식은 다자주의적이라기보다는 일방주의에 더 가깝고, 외교적 방법보다는 군사적 방법에 대한 의존도가 높았다. 클린턴의 다자주의적 방식에서 부시의 일방주의적 방식으로의 급격한 전환은 한편으로는 그들의 다른 정치적 성향에 기인하지만 다른 한편에서는 9/11 테러의 충격에 그 원인이 있기도 하다. 9/11 테러는 일반적으로 미국 주도의 자유주의적 세계질서에 대한 반발과 미국외교정책의 변화에 대한 촉구로 읽히기도 하기 때문이다. 그러나 9/11 테러는 미국외교정책의 변화를 가져오기는커녕 부시 행정부가 이슬람 세계에 대하여 그들만의 일방주의와 군사주의를 더욱

강화하는 결과를 가져오고 말았다. 여하튼, 소위 '부시 독트린' 또한 클린턴 행정부의 '자유주의적 패권'과 일맥상통하는 것은 의심의 여지가 없다.

(https://www.newsweek.com/iraq-war-bushs-biggest-blunder-294411)

<부시 대통령이 미국으로 돌아오는 에이브럼 링컨 호 위에서 이라크에서의 작전이 종료되었음을 선언하고 있다, 출처: Newsweek>

과도한 팽창주의로 비판받은 '부시 독트린'에 대한 반향으로, 오바마 행정부는 절제(restraints)와 주의(caution)를 강조하였다. 2013년에 오바마 대통령은 "나는 우리가 가진 어마어마한 힘과 능력뿐만 아니라 우리의 한계에 대해서도 잘 인식하고 있다"고 말하는가 하면,[60] "제2차 세계대전 이후 미국이 범한 실수의 대부분은 절제하는 외교보다는 예상되는 결과에 대한 숙고 없이, 그리고 국제적인 지지를 받지 못한 채 무모하게 뛰어들었을 때 발생했다"고 지적하면서 절제와 주의의 중요성을 다시 한 번 강조하였다.[61] 다시 말하면, 오바마 정부는

---

60) Franklin Foer and Chris Hughes, "Barack Obama Is Not Pleased," *New Republic*, Jan. 27, 2013. <https://newrepublic.com/article/112190/obama-interview-2013-sit-down-president>.

전임 부시 정부의 정책적 실패와 그것에 대한 반감 때문에 국제문제에 대한 신중한 접근을 추구하였다. 이러한 맥락에서 소위 '오바마 독트린'은 '실용적 국제주의(pragmatic internationalism)'로 알려졌는데, 그것은 곧 오바마 정부가 국제주의를 추구하지만 국제문제에 대한 개입은 주의깊고, 선택적이고, 실용적인 관점에서 이루어졌다는 것을 의미한다.[62] 그러나, 다소 조심스럽고 실용적인 접근을 취했다고 해도 오바마 행정부 역시 큰 범주에서 '자유주의적 패권(Liberal Hegemony)'의 맥락에서 벗어나지 않았음은 부인할 수 없다.

(https://www.foreignaffairs.com/articles/2017-07-05/what-obama-gets-right)

<2014 호주 브리즈번에서의 G-20 회의에서 각국 정상들과
회의 중인 오바마 대통령, 출처: GettyImage>

61) U.S.News, "Obama's Foreign Policy Flop" (May 29, 2014). <https://www.usnews.com/opinion/blogs/world-report/2014/05/29/obama-west-point-speech-fails-to-outline-convincing-foreign-policy-strategy>.

62) John G. Ikenberry, "Obama's Pragmatic Internationalism," *The American Interest*, Vol. 9, No. 5. <https://www.the-american-interest.com/2014/04/08/obamas-pragmatic-internationalism>.

2) 트럼프 행정부의 성향 분석

트럼프는 외교정책의 목표와 전략에 있어서 위에서 언급한 전임 대통령들과는 사뭇 다르다. 한 마디로 표현하면, 트럼프의 외교정책은 '자유주의적 패권과 거리 두기'로 규정할 수 있다. 워싱턴의 전형적인 정치인들과 달리 성공한 기업가 출신의 트럼프는 선거 기간과 집권 초기 동안 워싱턴의 주류 정치인들과는 다른 외교정책 목표와 전략을 보여주었다. 그러나, 트럼프의 외교정책도 앞에서 제시한 분석의 틀을 활용하여 분석하는 것이 가능하다.

(https://indianexpress.com/article/world/world-news/donald-trump-campaign-did-not-compete-harder-says-hillary-clinton-camp-4365435/)

<선거유세 중인 트럼프 후보.
'미국을 다시 위대하게'라는 문구가 선명하다, 출처: 로이터>

첫째, 공동체의 영역에서, 트럼프 행정부는 세계주의자의 가치보다는 독립과 개인주의의 가치를 더 중시한다. 따라서 그들은 다자주의적 방법보다는 일방주의적 방법을 더 선호한다. 트럼프 대통령은 자주 현존하는 다자 국제기구들이 제대로 기능하지 못하고 있으며 미국의 국익을 훼손한다는 비관적 인식을 피력했다. 그는 오바마 대통령 당시에 시작되었던 TPP(Trans-Pacific Partnership)에서 탈퇴를 선언했고 NATO(North Atlantic Treaty Organization)나 NAFTA(North America Free Trade Agreement)등의 다자기구에 대한 비난도 서슴지 않았던 것이다.

트럼프의 일방주의적 성향은 그의 선거 구호였던 '미국을 다시 위대하게(Make America Great Again)'에서 잘 드러난다. '미국을 다시 위대하게'는 지난 몇 십 년 동안 미국이 경제적, 군사적으로 쇠퇴하였다는 인식에 바탕을 두고 있는데, 트럼프는 이전 정권에서 추구하였던 '국제주의(internationalism)'가 미국의 쇠퇴의 원인이기 때문에 그동안 미국외교정책의 근간을 이루었던 '자유주의적 패권'을 폐기해야 한다고 본다. 더 나아가서, 미국은 더 이상 세계 경찰을 자임해서는 안 되며, 외교 관계에서도 좀 더 현실적으로 미국의 국익을 추구해야 한다고 트럼프는 주장한다. 트럼프의 선거 구호였던 '미국 우선주의(America First)'는 다름 아닌 미국과 미국의 국익 중심의 외교정책을 전면에 내세운 것이고 그것이 미국 유권자들의 표심을 자극했다.[63] '미국 우선주의(America First)'는 군사 분야에서 훨씬 더 강력한 정책으로 표현되는데, 그것은 곧 미국이 IS(Islamic State)나 여타 테러집단으로부터 위협을 받는 상황이 닥치면 미국과 미국

---

63) The White House, "America First Foreign Policy."
   <https://www.whitehouse.gov/america-first-foreign-policy>.

의 국민들을 보호하기 위하여 필요한 경우 물리력 사용을 주저하지 않는다는 것을 의미한다. 다시 말하면, '미국우선주의' 원칙은 민주주의, 인권, 개방, 관여 등 전통적인 미국의 이상 대신에 현실적인 미국의 국가 이익에 집중할 것이라는 트럼프 정부의 외교정책 기조라고 할 수 있다.

이러한 정책 기조는 경제적 이슈에서 더욱 명확하게 드러난다. 트럼프 대통령은 TPP(Trans-Pacific Partnership)와 NAFTA(North America Free Trade Agreement)와 같은 다자무역기구에 대해서 미국의 경제에 도움이 되지 않는다는 이유로 부정적인 의사를 여러 차례 드러낸 바 있으며, 심지어 이미 승인과 비준이 끝난 자유무역협정에 대해서도 재협상을 주저하지 않겠다고 밝힌 바 있고, 일부는 이미 실행에 옮겼다.

둘째, 안보영역에서 트럼프 정부는 '포용(accomodation)'보다는 '지배(domination)'의 목표를, 그리고 그것을 달성하기 위한 수단으로 '비강압적(non-coercive)' 방법보다는 '강압적(coercive)' 방법을 선호하는 것으로 보인다. 그가 내걸었던 '힘을 통한 평화(Peace through Strength)'라는 캐치프레이즈는 마치 30년 전의 레이건 대통령의 정책을 연상시키는 강압적 수단에 대한 선호를 가장 단적으로 보여주는 예라고 할 수 있다. '힘을 통한 평화'는 IS의 테러리즘, 이란과의 핵합의, 러시아, 중국의 부상 등 안보에 관련된 여러 이슈들에서 핵심적인 원칙으로 자리잡고 있다.[64] 트럼프가 그의 초기 내각을 제임스 매티스(James Mattis), 허버트 맥마스터(Herbert McMaster), 렉스 틸러슨(Rex Tillerson), 마이크 폼페이오(Mike Pompeo), 피터 나바로(Peter Navarro) 등의 강성 인

---

64) Peter Navarro, "America will be great again through a strong military and economy," *The National Interest* (March 31, 2016).
    <http://nationalinterest.org/feature/the-trump-doctrine-peace-through-strength-15631>.

물들로 채운 것도 별로 놀랍지 않다. 한 마디로, 트럼프는 민주주의, 인권, 다자주의, 국제제도 등 자유주의적 이상보다는 '국력'과 같은 현실주의의 원칙을 선호한다고 할 수 있다.

마지막으로, 경제적 번영의 영역에 있어서 트럼프 정부는 적극적인 글로벌 정책보다는 소극적 고립정책을 추구하는 것으로 보인다. 사실상, '고립주의'는 트럼프 외교정책의 핵심을 표현하는 또 다른 키워드라고 할 수 있다. 앞에서 설명한 '미국 우선주의'도 고립주의와 분리되어 설명할 수 없다. 트럼프 자신이 "나는 고립주의자가 아니라 공정한 정책을 믿는 사람"[65]이라고 강변해도, 기존에 체결된 자유무역협정을 폐기하고 다자무역기구를 비난하는 것을 보면 그가 이전의 대통령들보다는 고립주의 원칙을 더 선호한다는 것은 부정하기 힘들다. 그는 미국 외교정책의 중요한 부분을 담당했던 신자유주의, 세계화, 자유무역 등의 이상을 부정하는 것이다. 세계시장에서 미국의 경제적 이익을 적극적으로 찾기보다는 미국의 국내 경제의 이익, 특히 그에게 지지를 보냈던 백인 노동자 계층의 이익을 보호하는 데 더욱 많은 노력을 기울이고 있다. 트럼프와 그를 지지하는 백인 노동자 계층은 불공정한 자유무역협정 때문에 미국에서의 일자리가 줄어들었으며, 따라서 보호무역이 지금보다 확대되어야 한다는 주장을 펴고 있는 것이다.

---

65) *The Washington Times*, "Donald Trump: I Don't Believe in Isolationist Policy," Mar. 17, 2017. <http://www.washingtontimes.com/news/2017/mar/17/donald-trump-i-dont-believe-isolationist-policy/>.

(http://news.chosun.com/site/data/html_dir/2018/05/04/2018050402696.html)

<외국산 철강·알루미늄에 관세를 부과하는 행정명령에 서명하는
트럼프 미국 대통령, 출처: 조선일보>

요약하면, 트럼프 정부의 외교정책은 그의 전임자들과는 사뭇 다르
다. 전후 몇 십 년 동안 미국이 유지해오던 '자유주의적 헤게모니'의 대
전략 대신에, 트럼프 정부는 '미국 우선주의', '힘을 통한 평화', '고립주
의' 등의 원칙을 세계 전략의 원칙으로 삼고 있다. 좀 더 구체적으로
말하면, 트럼프의 정책적 선호는 전세계적, 포용적, 장기적, 정치적 이
익보다는 개인적, 지배적, 단기적, 물질적 이익에 있다고 할 수 있다.
아울러 방법론에 있어서 트럼프는 다자주의보다는 일방주의, 비강압
적 방법보다는 강압적 방법, 그리고 적극적 방법보다는 소극적 방법을
선호한다고 할 수 있다.

한편으로 트럼프가 외교정책의 목표와 전략에 있어서 그의 전임자
들과는 사뭇 다른 면모를 보인다는 점을 이해하면서, 다른 한편에서는

그의 정책들이 정당한 외교정책의 범위를 벗어나지는 않는다는 것을 이해하는 것도 필요하다. 다시 말하면, 트럼프는 합리적 선택의 틀을 벗어나지 않으며, 그 속에서 비용과 편익을 계산하고 가장 효용이 큰 선택을 하는 합리적 정책결정자의 모습에서 벗어나지 않았다는 것이다. 물론 그의 비용과 편익의 계산방식이 전임자들의 그것과는 다소 차이가 있다는 점은 앞에서 설명한 바 있다. 다자주의보다는 일방주의, 비강압적 방법보다는 강압적 방법, 적극적 방법보다는 소극적 방법 등의 선택은 모두 그의 독특한 성격과 가치관에 근거하지만, 앞에서 설명한 분석의 틀에서 이해가 가능한 것들이다.

더 나아가서 고립주의와 같은 트럼프의 외교정책의 핵심 구호들은 미국의 유권자들의 선호를 정확히 읽은 결과의 산물이라고 할 수 있다. 사실, 고립주의 정책은 이미 오바마 외교정책에서 '신중하고 선택적인(cautious and selective)' 접근으로 시사된 바 있다. 그것은 한편으로는 부시 행정부 당시 이라크와 아프가니스탄 등에서의 과도한 개입과 팽창에 따른 미국인들의 피로감의 표현이라고 할 수도 있고, 다른 한편에서는 2008년 금융위기 이후 하락세로 돌아선 미국 경제에 대한 미국 대중들의 우려가 작용한 결과라고 할 수도 있다. 트럼프 정부의 고립주의적 접근도 미국 대중들의 유사한 인식에 바탕을 두고 있다. 한 여론조사에 의하면, 미국의 대중들은 미국 외교정책의 변화와 고립주의 정책을 강하게 지지하는 것으로 나타났다. 57%의 응답자가 고립주의에 대한 지지의 입장을 보인 반면, 부정적인 입장을 보인 응답자는 37%에 불과했다.[66] 트럼프는 유권자들이 원하는 바를 정확하게 읽

---

66) Sunhee Lee, Joongwan Kim, and Hanbeom Jeong, "The Nature of U.S. Isolationism and Its Prospect in U.S. Foreign Policy Viewed in the Trump Phenomenon," *Journal of Korean Political Diplomatic History*, Vol. 38, No. 1, pp. 283.

고 성공적으로 활용했다고 볼 수 있다.

비단 미국의 국내 정치적 환경뿐만 아니라 세계정세의 구조적 변화 또한 트럼프의 당선에 크게 기여했다. 냉전이 종식된 이후 지난 몇 십 년간 미국이 주도하는 자유주의 세계질서는 전 세계의 정치와 경제를 견고하게 구조화했다. 자유주의 이데올로기는 세계화를 대중화시켰고 민주주의, 자유무역, 그리고 신자유주의적 경제정책의 전 세계적 확산 에도 결정적으로 기여하였다. 그러나 세계화와 신자유주의의 큰 물결 은 최근 들어 반 세계화, 반 이민, 반 자유주의 등으로 대표되는 큰 반 발에 부딪혔다. 유럽에서는 반 이민과 반 이슬람 정서가 2016년 영국 의 EU 탈퇴 결정을 불렀다. 소위 '브렉시트(British Exit)'는 전 세계인 들에게 큰 충격으로 다가왔지만 그 이후에 대서양 건너편에서는 더 충 격적인 일이 일어난 것이다. 트럼프의 당선은 '브렉시트'와 같은 맥락 에서 이해되어야 한다. 왜냐하면 두 현상 모두 강력한 자유주의 국가 가 세계의 신자유주의 질서를 거부하고 민족주의를 받아들이는 것으 로 해석되기 때문이다. 결과적으로, 국내외적인 환경을 고려했을 때 트럼프의 승리는 결코 놀랄 일이 아니다. 오히려 트럼프의 당선은 반 자유무역, 반 이민, 반 세계화의 맥락 속에서 충분히 예측가능한 일이 었다고 할 수 있다. 미국의 유권자들은 '자유주의적 헤게모니'라는 미 국의 대전략보다는 그들의 직장과 경제회복을 선택한 것이다.

5
결론: 동북아시아와 한반도에의 함의

지금까지의 분석에 의하면 트럼프 행정부의 외교정책은 그 이전 행정부들의 그것과는 사뭇 다르다. 전임 행정부들이 '자유주의 헤게모니'라는 전략을 추구했다면, 트럼프 행정부는 그 원칙과는 일정한 거리를 유지하고자 하는 것으로 나타났다. 트럼프는 다자주의보다는 일방주의, 비강압적 방법보다는 강압적 방법, 그리고 세계주의보다는 고립주의의 접근법을 선호하는 것으로 분석되었다. 그러나 다른 한편에서 트럼프는 합리적인 정책결정자이며 따라서 그의 외교정책도 국익을 극대화하기 위한 합리적 틀 내에서 움직인다. 물론 트럼프의 합리적 선택의 방식, 즉 비용과 편익을 계산하는 방식은 전임자들의 그것과는 다르다.

트럼프 행정부의 성격과 본질에 관한 분석에 근거하여 미국의 대동북아시아 정책과 대 한반도 정책을 유추해 볼 수 있다. 실제로 주로 중국의 부상에 기인하는 것이기는 하지만 미국에게 있어서 동북아시아의 중요성은 냉전 종식 이후에 급격하게 증가하였고 지금도 계속 진행 중이다. 오바마 정부 당시의 미국의 대 동북아시아 정책은 '아시아로의 회귀(Pivot to Asia)' 혹은 '아시아 재균형(Rebalancing)' 전략으로 표현되었다.[67] 당시 국무장관이었던 힐러리 클린턴은 미국의 전략적

---

67) Hillary Clinton, "America's Pacific Century," *Foreign Policy* (Nov., 2011).

중심이 더 이상 대서양지역이나 유럽, 혹은 중동이 아니라 아시아, 특히 동북아시아 지역이 되어야 된다고 주장했다. 즉, 지난 몇 십 년 동안 미국의 전략적 중심이 대서양 지역과 중동이었다면, 다음 세기의 전략적 중심은 중국을 포함한 동복아시아 지역이 되어야 한다는 것이다.

중국의 부상은 2000년대 후반 미국의 금융위기 이후에 더욱 빨라져서 이제는 미국의 패권적 지위에 유일하게 도전할 수 있는 국가로 여겨진다. 이런 맥락에서 오바마 정부가 중국과 동북아시아 지역에 대하여 신중한 접근을 추진한 것은 결코 놀랄 일이 아니다. 오바마 정부의 대 중국 정책은 중국을 미국이 주도하는 현재의 세계질서에 편입시키고 중국을 세계를 리드하는 미국의 파트너로 동등하게 대우하는 것이었다. 트럼프가 세계와 세계 속에서의 미국의 지위에 대한 인식에 있어서는 오바마 정부와는 차이를 보이지만, 중국에 대해서는 유사한 인식을 보인다. 트럼프도 중국이 경제와 안보 분야 모두에서 미국의 국익을 위협할 것이라고 인식하고 있다. 그러나 중국을 다루는 그의 전술은 오바마의 그것과는 큰 차이를 보인다.

안보 문제에 있어서 트럼프 행정부는 중국에 대하여 매우 신중한 접근을 보인다. 트럼프와 시진핑은 미국과 중국의 공존의 필요성에 대한 인식을 공유하고 있고, 따라서 어느 쪽도 불필요하게 공격적으로 상대방을 자극하는 일은 자제하고 있다. 이런 맥락에서 트럼프 행정부의 대 중국 정책은 신중한 방식의 '견제와 균형'으로 규정할 수 있다. 실제로 현재까지 미국과 중국 사이에 안보와 관련한 심각한 위기가 발생한 적은 없다. 예를 들어, 트럼프는 중국 외교정책에서 가장 중요한 원칙으로 여겨지는 '하나의 중국(One China)' 정책을 존중하는 데 동

<http://foreignpolicy.com/2011/10/11/americas-pacific-century/>.

의하였다.[68] 또한 미중 정상회담에서 트럼프는 시진핑으로 하여금 북한이 핵과 장거리 미사일 프로그램을 포기하도록 압력을 가해줄 것을 요청하였으나, 결코 중국의 민감한 안보문제를 거론하지는 않았다.[69]

그러나, 트럼프-시진핑 시대의 미중관계가 트럼프 취임 이후 초기처럼 항상 안정적일 것이라는 보장은 없다. 앞 절에서 분석한 것처럼 트럼프는 강한 현실주의적 성향을 보여주고 있으며 "힘을 통한 평화"를 외교정책의 중요한 원칙으로 삼고 있다. 그것은 곧 미국이 가능성은 낮지만 필요하다면 세계문제에 개입을 주저하지 않을 것이라는 결의를 간접적으로 말하고 있다. 실제로 북한이나 대만 문제에서 보듯이, 미국과 중국은 몇 몇 사안에 있어서 심각한 충돌은 아니지만 의견이 다르다는 것을 확인했고, 그 결과 2017년 미중 정상회담에서는 공동성명조차도 내지 못한 경험이 있다. 요약하면, 안보문제에 있어서 트럼프 행정부는 중국과 현재의 협력적인 관계를 유지하고자 할 것이다. 양 정부가 사안에 따라서는 불협화음을 낼 수는 있겠지만 그것이 아주 심각한 분쟁으로 격화되지는 않을 것이라는 전망이 우세하다.

안보 문제와 달리, 경제 이슈에 있어서는 트럼프 정부의 행태가 미국의 이익을 보호하기 위하여 매우 공격적으로 움직이고 있다. 이렇게 안보 영역과 경제 영역에서 트럼프 행정부의 행태가 사뭇 다르게 보이는 것은 부분적으로 트럼프의 출신 배경에 기인한다. 잘 알려진 것처럼, 트럼프는 워싱턴 디씨의 전통적인 정치인 출신이 아닌 성공한 사업가 출신이다. 따라서 안보 이슈보다는 경제 이슈에 훨씬 더 자신감을 가지고 있고 미국의 국익, 특히, 선거에서 그를 지지해준 백인 노동

68) BBC news, "Trump agrees to honour 'One China' policy despite threats" (Feb. 10, 2017). <http://www.bbc.com/news/world-asia-china-38927891>.

69) CNN, "Trump urges action on North Korea in meeting with China's Xi" (July 8, 2017). <http://edition.cnn.com/2017/07/08/politics/north-korea-trump-xi/index.htm>.

자 계층의 이익을 위해서 적극적으로 움직일 수 있는 것이다.

집권 초기 몇 달 동안은 중국과의 무역 이슈에 있어서도 트럼프 정부는 어느 정도 절제된 모습을 보였지만 그러한 경향은 최근 들어 급격히 변하고 있다. 미국과 중국의 무역 관련 분쟁이 소위 '미-중 무역전쟁'으로 격화되고 있는 것이다. 미중 무역전쟁은 2018년 초 미국 정부가 500억 달러에 이르는 중국산 수입품에 25%의 관세 부과 방침을 발표하면서 시작되었다. 미국의 이런 방침에 대해서 중국에서도 똑같이 500억 달러의 미국산 수입품에 25% 관세 부과 방침을 발표하면서 미중 무역전쟁이 공식화되었다. 2018년 9월에 트럼프 정부는 추가로 2000억 달러 규모의 중국산 제품에 10%의 관세부과 방침을 밝히면서 양국 간 관세 부과 대상은 3,600억 달러(약 404조) 규모로 확대되었다.

트럼프 정부가 중국과 무역전쟁을 벌이는 데는 미국의 대중 무역적자라는 배경이 가장 크게 작용하고 있다. 미국의 대중 무역적자는 2017년 한 해 동안만 3,750억 달러에 달하고 그간의 누적된 대중 무역적자는 천문학적인 규모라고 할 수 있다. 이에 대중들의 불만이 누적되었고 그것이 중국산 제품에 대한 관세 부과라는 정책으로 현실화되었다고 볼 수 있다. 다른 한편으로, 트럼프 대통령은 중국 정부가 경제시스템을 불공정하게 운영하면서 미국과의 무역관계에서 일방적인 흑자를 내면서 미국 국민들의 일자리를 빼앗아 갔다고 보고 있다. 예를 들어, 환율 조작, 보조금 지급, 지적 재산권 문제, 그리고 가장 최근에는 스파이 칩 이슈 등에서 중국 정부의 불공정 관행을 시정해야 한다고 목소리를 높이고 있다.

한동안 과열 양상을 보이던 미중 무역전쟁은 최근에 있었던 미중 정상회담에의 합의를 계기로 진화되는 모습이다. 트럼프와 시진핑은 리우 G-20 정상회담에서 만나 미중 무역전쟁의 6개월 휴전을 선언했다. 그러나 미중 무역전쟁은 그 본질상 단기간의 갈등으로 끝나지 않을 가능성이 크다. 최소한 트럼프 리더쉽 하의 미국은 중국과의 무역수지를 개선하는 동시에 중국의 불공정한 경제 관행을 뿌리 뽑겠다는 의지로 임하고 있기 때문이다. 요컨대, 트럼프 정부의 대중 경제 정책은 점점 더 적극적이고 공격적으로 변하고 있다.

앞에서의 분석에 근거하여 트럼프 행정부의 대 한반도 정책을 분석하고 예측하는 것도 가능하다. 일반적으로 미국의 대 한반도 정책은 대 한국 정책과 대 북한 정책으로 나눌 수 있는데, 더 어려운 쪽은 의심할 여지없이 대 북한 정책이라고 할 수 있다. 북한은 한국전쟁 이후 오랫동안 미국의 적국이었고, 최근에는 미국을 잠정적인 타겟으로 하는 핵과 장거리 미사일을 개발해 왔다. 다시 말하면, 북한은 미국의 안보를 직접적으로 위협하는 현실적 위협이라고 할 수 있다. 문제는 북한이 미국이 설정한 임계선을 넘어섰는지 여부일 것이다. 북한에 대한 전임 오바마 정부의 판단은 북한이 미국이 설정한 임계선을 넘지 않았다는 것이다. 따라서 오바마 정부는 북한이 그들의 컨트롤 아래에 있다고 보고 북한에 대해서 다소 느긋하게 생각했다. '전략적 인내'라는 다소 소극적인 정책이 가능했던 것은 북한을 당면한 위협이라고 보지 않았기 때문이었다. '전략적 인내'는 북한이 먼저 변화할 때까지 미국이 먼저 협상에 나서지는 않을 것이며 북한이 진정으로 비핵화의 의지를 갖고 협상에 나서면 미국은 그것에 적절한 보상을 한다는 것을 핵심으로 하고 있다. 그러나 전략적 인내의 가장 중요한 포인트는 미국은 북한이 먼저 변화를 보일 때까지 기다린다는 점이다. 사실은, 군사적 옵션이 배제된 상황에서 핵보유국의 야망을 가진 미국이 할 수 있는 것은 기다리는 것뿐이었을지 모른다.

트럼프 행정부 또한 한반도에서 군사적 옵션을 사용하는 것에는 주저할 수밖에 없다. 왜냐하면 그들도 무력 사용은 한국이나 일본뿐만 아니라 미국에게도 너무 큰 비용을 지불할 것을 요구한다는 것을 잘 알고 있기 때문이다. 정권 초기에 트럼프 행정부는 북한의 핵문제를 해결하기 위해서 중국을 활용하고자 하였다. 북한이 중국의 컨트롤 하에 있다는 전제 하에, 트럼프는 중국으로 하여금 북한이 핵과 미사일을 포기하도록 압력을 행사해 줄 것을 요청하기도 하였다. 그러나 그 방안이 별 효과를 보지 못하자 북한 문제는 트럼프 정부의 고민을 더 깊게 만들고 있다. 2018년 초부터 한반도에 불기 시작한 평화의 분위기가 북미관계를 어떻게 변화시킬지는 아직 미지수다. 이미 역사적인 6.12 북미 정상회담이 이루어졌고 2019년에도 김정은-트럼프 간의 북미 정상회담이 열릴 예정이지만 북한 핵문제가 완전히 해결될 수 있을지는 여전히 확실치 않다.

트럼프의 대 한국 정책은 대 북한 정책보다는 훨씬 예측하기가 쉽다. 북한으로부터의 위협이 상존하고 있는 상황에서 한미 양국은 현재의 강고한 동맹관계를 흔들 하등의 이유도 존재하지 않는다. 더욱이 최근에 열린 한미 정상회담에서 트럼프 대통령은 한반도 문제에 있어서 한국이 주도권이 갖고 문제를 풀어가는 데 대해서 동의한 것으로 알려졌다. 한미 동맹의 강화와 한미 관계의 발전에 현재까지는 북한 핵과 미사일 문제가 가장 큰 걸림돌인 것은 분명한 사실이지만 한미 양국이 안보에 있어서 이익을 공유하고 있다는 점에서 현재의 군건한 한미 동맹은 계속될 것이다.

한미 간의 경제적 관계는 안보 관계와는 다른 양상이다. 앞에서 설명한 것처럼 트럼프 정부는 안보 문제보다 경제 문제에 있어서 더욱 적극적이고 민감하게 반응한다. 트럼프 정부는 기존에 체결된 한미 자유무역협정을 재협상하고 결국에는 개정하는 데 성공했다. 한미 방위비 분담금에 대해서도 끊임없이 문제를 제기하고 한국의 재정적 부담을 늘릴 것을 계속해서 주장하고 있다. 안보 동맹이라고 할 수 있는 한국에 대해서도 트럼프 행정부는 미국의 경제적 이익을 보호하기 위하여 경제적 압력을 행사하는 데 주저함이 없다. 요약하면, '안보에 있어서의 신중한 접근'과 '경제에 있어서의 공격적인 접근'이라는 트럼프 행정부의 큰 전략은 한반도에도 여전히 적실성이 있다.

참고문헌

Bacevich, Andrew J. 2017. "The Age of Great Expectations and the Great Void: History after 'The End of History.' <http://americanempireproject.com/blog/the-age-of-great-expectations-and-the-great-void/>.

BBC news, "Trump agrees to honour 'One China' policy despite threats" (Feb. 10, 2017). <http://www.bbc.com/news/world-asia-china-38927891>.

Chittick, William O. *American Foreign Policy* (Washington, D.C.: CQ Press, 2006).

Clinton, Hillary. "America's Pacific Century," *Foreign Policy* (2011 Nov.). <http://foreignpolicy.com/2011/10/11/americas-pacific-century/>.

CNN, "Trump urges action on North Korea in meeting with China's Xi" (July 8, 2017). <http://edition.cnn.com/2017/07/08/politics/north-korea-trump-xi/ index.html>.

Foer, Franklin and Chris Hughes. "Barack Obama Is Not Pleased," *New Republic* (Jan. 27, 2013). <https://newrepublic.com/article/112190/obama-interview-2013-sit-down-president>.

Fukuyama Francis. *The End of History and the Last Man* (New York: Harmondsworth, 1992).

Ikenberry, John G. "Obama's Pragmatic Internationalism." *The American Interest*, Vol.9, No.5 (2014). <https://www.the-american-interest.com/2014/04/08/obamas-pragmatic-internationalism>.

Kinsella, David, Bruce Russett, and Harvey Starr. *World Politics: The Menu for Choice*, 10[th]ed.(NewYork: Wadsworth, 2013).

Krauthammer, Charles. "Trump's Foreign Policy Revolutions," *The Washington Post* (Jan. 26, 2017). <https://www.washingtonpost.com/opinions/global-opinions/trumps-foreign-policy-revolution/2017/01/26/c69268a6-e402-11e6-ba11-63c4b4fb5a63_story.html?utm_term=.1a3006c31b05>.

Jentleson, Bruce W. "Global Governance, the United Nations, and the

Challenge of Trumping Trump," *Global Governance*, Vol. 23 (2017), pp.143-149.

Jervis, Robert. "President Trump and IR Theory," ISSF Policy Series (Jan. 2, 2017). Available at <https://issforum.org/roundtables/policy/1-5b-jervis>.

Lee, Sunhee, Joongwan Kim, Hanbeom Jeong. "The Nature of U.S. Isolationism and Its Prospect in US Foreign Policy Viewed in the Trump Phenomenon," *Journal of Korean Political and Diplomatic History*, Vol. 38, No. 1 (Aug. 2016), pp. 281-314.

McClelland, David C. *Human Motivation* (Cambridge: Cambridge University Press, 1987).

Navarro, Peter. "America will be great again through a strong military and economy," *The National Interest* (March 31, 2016). <http://nationalinterest.org/feature/the-trump-doctrine-peace-through‐ -strength-15631>.

Posen, Barry R. *Restraint: A New Foundation for U.S. Grand Strategy* (Ithaca: Cornell University Press, 2014).

The Washington Times, "Donald Trump: I Don't Believe in Isolationist Policy" (Mar. 17, 2017). <http://www.washingtontimes.com/news/2017 /mar/17/donald-trump-i-dont-believe-isolationist-policy>. (accessed on Oct. 20, 2017>.

The White House, "America First Foreign Policy." <https://www.whitehouse.gov/america-first-foreign-policy>.

The White House, "The Clinton-Presidency: A Foreign Policy for the Global Age. <https://clintonwhitehouse5.archives.gov/WH/Accomplishments/ eightyears-10.html>.

U.S.News, "Obama's Foreign Policy Flop" (May 29, 2014). <https://www. usnews.com/opinion/blogs/world-report/2014/05/29/obama-west-point-speech-fails-to-outline-convincing-foreign-policy-strategy>.

Walt, Stephen M. "Could There Be a Peace of Trumphalia?" *Foreign Policy,* (Nov. 14, 2016). <http://foreignpolicy.com/2016/11/14/could-

there-be-a-peace-of-trumphalia>.

Wright, Thomas. "Trump's 19[th]CenturyForeignPolicy,"*Politico* (Jan. 20, 2017). <http://www.politico.com/magazine/story/2016/01/donald-trump-foreign-policy-213546>.

Zakheim, Don. "Trump Must Be Stopped," The National Interest, Mar. 5, 2017. <http://nationalinterest.org/feature/trump-must-be-stopped-15408>.

제5부

북미 관계와 한반도 평화: 북한 비핵화 협상의 역사와 쟁점

1

서론

지난 반세기가 넘는 기간 동안 북한과 미국의 관계는 한반도의 안정을 결정하는 핵심 변수가 되어왔다. 1953년 한국 전쟁 휴전 이후 아직까지 북한은 미국에게 주요 적국 중의 하나로 간주되고 있고, 미국도 북한에게는 아직까지 '미 제국주의자'로서 주적으로 정의되어 있다. 따라서 간헐적으로 화해의 무드가 조성된 적이 없지 않았음에도 불구하고, 그간의 북미 관계는 주로 적대적인 관계가 될 수밖에 없었다. 북한이 핵과 장거리 미사일을 개발하게 된 것도 그들의 표현대로 하면 미국의 대북 '적대시 정책' 때문이라고 할 수 있다. 주한미군은 그들에게 항상 두려운 존재였고 대규모 한미연합 군사훈련은 그들에게 자국을 공격하려는 의도를 가진 것으로 읽혔던 것이다. 북한이 일종의 '피포위 의식(seize mentality)'를 가지게 된 것은 구 소련을 비롯한 현실 사회주의가 몰락하면서 미국과 일본, 그리고 한국에 의해서 포위당한 듯한 인식에서 비롯되었다. 결국 북한은 자국의 안보를 지키기 위하여 위험한 결정을 하게 된다. 바로 핵과 장거리 미사일의 개발이다. 북한은 스스로 가입했던 NPT(Nuclear Non-Proliferation Treaty)를 탈퇴하면서까지 핵 개발에 매진했다.

냉전 종식 이후의 북미 관계는 북한의 핵과 미사일 개발과 밀접하게 연관되어 있다. 그 기간 동안의 북미 관계는 곧 북한과 미국 간의 핵과 미사일 협상의 역사라고 할 수 있다. 북미 간 협상은 이미 25년이 넘는 역사를 가지고 있다. 그 동안 남북대화, 북미대화, 4자회담, 6자회담 등 여러 차원에서 다양한 협상 노력들이 있었음에도 불구하고 북핵문제는 여전히 현재진행형으로서 해결되지 못하고 있다. 오히려 북한은 그 기간 동안 다섯 차례의 핵실험과 그보다 많은 횟수의 미사일 발사실험을 통하여 핵과 장거리미사일 능력의 고도화에 성공하여 2017년 말에만 하더라도 실질적인 핵보유국으로서의 입지를 다지고 있다. 물론 그 기간 동안에 국제사회로부터의 고립과 미국과 유엔 차원의 강력한 경제제재를 피할 수는 없었다.

이러한 상황이 급반전된 것은 2018년 들어서면서이다. 2017년 문재인 대통령이 취임하면서 우리 정부에서는 한반도의 비핵화와 함께 한반도에 지속가능한 평화의 정착을 정책방향으로 설정하고 여러 경로를 통하여 기회를 엿보았고 마침내 평창올림픽을 계기로 북한의 적극적인 응답을 이끌어낼 수 있었다. 2018년 4월 27일 판문점에서 있었던 남북정상회담이 세계인들의 주목을 끈 가운데 '판문점 선언'으로 성공적으로 마무리되고 이후 5.26 남북정상회담에서 한 차례 더 문재인 대통령과 김정은 위원장의 만남이 있은 후 역사적인 6.12 싱가포르 북미정상회담 또한 예정대로 치러지면서 북한 핵문제의 해결 가능성에 대한 기대감이 높아졌다. 사실 판문점에서의 남북정상회담이 성공적으로 마무리될 당시만 하더라도 북한 비핵화 대한 낙관적 전망이 절대적으로 우세하여 향후 한반도 정세에 대하여 낙관적인 전망이 팽배하였으나 최근의 기류는 북미 양국간의 기싸움이 치열하게 전개되고 있는 양상으로 낙관할 수만은 없는 상황이다.

이러한 상황에서 본 장은 북한의 비핵화를 둘러싼 지난 25년의 북미간 협상의 역사를 되짚어 보면서 그것의 쟁점들을 분석하고 향후 전망을 해보고자 한다. 북미간의 협상이 다수의 합의가 있었음에도 불구하고 북한의 비핵화를 이끌어내는 데 실패한 원인과 쟁점을 살펴보고 이번 북미협상이 이전의 북한 비핵화 협상과 같은지 아니면 다른지, 다르다면 어떻게 다른지를 분석함으로써 과연 이번 협상에서 북한 비핵화 합의가 가능한 지를 가늠해 보고자 한다.

<u>2</u>

북한 비핵화를 위한 북미 협상의 역사

　지난 25년여 간의 북핵을 둘러싼 북미 간 그리고 다자간 협상의 역사를 돌이켜 보면 일정한 패턴을 발견할 수 있는데 그것은 일반적으로 1)북한의 핵도발, 2)핵위기 발생과 협상 개시, 3)일괄타결식 핵합의, 4)합의 붕괴 등 4단계로 구성된다는 것이다.[70] 이 과정을 북미 간 주요 합의를 중심으로 살펴본다.

(http://shindonga.donga.com/Library/3/01/13/102735/1)

<1992년 2월 17일 남북비핵화 공동선언에 서명하는
노태우대통령, 출처: 신동아>

---

70) 전봉근, "북핵협상 20년의 평가와 교훈," 한국과 국제정치 27권 1호(2011년 봄), p.186.

1) 한반도 비핵화 공동선언 (1991-1992)

최초의 북한 비핵화 협상은 1980년대 중반 북한 영변에서 대규모 핵시설 단지가 발견되고 북한이 NPT 가입(1986)에 따른 안전조치 협정 체결을 거부하면서 발생한 핵도발로 시작되었다. 당시 미국은 북한과 직접적인 협상에 나서기보다는 남북대화로 문제를 해결하는 전략을 세웠으며 1991년 12월31일 '한반도 비핵화 공동선언'을 채택하는 데 성공하였다. 여기서 북한은 한반도 비핵화 공동선언 합의 및 IAEA 안전조치 협정 체결에 동의하고 미국은 최초의 북미 고위급대화 개최와 한미 합동 군사훈련 중지를 약속하는 제1차 일괄타결이 이루어졌으나, 1년도 안 되어 북한의 남북 상호사찰과 IAEA 사찰 거부로 합의가 붕괴되고 말았다.

(http://www.hani.co.kr/arti/society/society_general/390685.html)

<북미 제네바 핵합의, 미국의 갈루치 핵담당 대사와 북한의 강석주 외무성 제1부부장이 합의서에 서명한 후 악수를 하고 있다, 출처: 한겨레>

2) 제네바 핵합의 (1994)

북미 간에 있었던 두 번째 중요한 합의는 1994년에 있었던 제네바 핵합의라고 할 수 있다. 북한은 국제사회의, 정확하게는 IAEA의 특별 사찰을 피하기 위해 1993년 NPT 탈퇴를 선언하였으며 (실제로 탈퇴는 하지 않았음) 그로 인하여 소위 제1차 북핵위기가 초래되었다. 이를 계기로 북미 핵협상이 개시되었고 1993년 6월 북미 간 최초의 공동성명이 채택되었다. 이 공동성명에서 북한은 IAEA 사찰을 수용하고 미국은 북한의 안전을 보장한다는 내용이 쌍방에 의하여 합의되었다. 그러나 양자 간 합의에도 불구하고 또 다시 IAEA 사찰 문제로 북미 간 충돌이 재연되었다. 북한이 IAEA 특별사찰을 거부하고 원자로에서 폐연료봉을 추출하는 조치를 취하자 미국의 선제공격설이 돌면서 북핵 위기가 최고조에 달하였으나, 카터 전 대통령의 평양 방문과 김일성 면담 등이 성사되는 등 극적인 장면들이 연출되면서 마침내 1994년 10월 '북미 기본합의문(일명 제네바합의)'이 체결되면서 위기가 해소되는 듯 보였다. 제네바합의는 북한이 흑연감속로 및 관련 핵시설을 동결하고 경수로 완공 시에는 핵시설을 해체한다는 내용과 미국이 2003년까지 1,000MWe급 경수로 2기와 매년 중유 50만톤을 북한에 공급한다는 내용을 담았다.

그러나 제네바합의도 이행과정에서 갈등을 극복하지 못하고 붕괴되고 말았다. 북한은 사찰을 거부하고 미국이 약속했던 경수로 제공이 지연되면서 양측이 갈등을 빚다가 2002년 10월 북한의 농축우라늄 개발 의혹이 불거지면서 소위 제2차 북핵 위기가 발생하였다. 이에 미국의 부시 정부가 보복조치로 제네바합의의 폐기를 선언함으로써 제네바합의는 붕괴되고 말았다.

(https://news.naver.com/main/read.nhn?oid=001&aid=0001174408)

<2005년 북경에서 9.19 공동성명을 발표한 6자회담 수석대표들,
미국의 크리스 힐 대표와 북한의 김계관 대표가 보인다, 출처: 연합뉴스>

3) 6자회담과 9.19 공동성명

제네바합의의 붕괴로 북한은 핵활동을 재개하고 2003년 3월에
NPT를 탈퇴하였다. 한 동안 미국에서는 북한에 대한 군사행동 가능
성까지 언급하면서 대북 강경여론이 득세하였으나 결국에는 남·북한,
미국, 중국, 러시아, 일본을 포함하는 북핵문제 해결을 위한 6자회담이
성사되었다. 6자회담은 초기에는 별 성과를 내지 못하였으나 2005년
에 마침내 9.19 공동성명을 이끌어내었다. 9.19 공동성명은 북한이 모
든 핵무기와 현존하는 핵계획을 포기하고 NPT와 IAEA의 안전조치에
복귀할 것을 약속하고 미국은 북한에 대하여 공격의사가 없다는 것을
확인함으로써 안전보장을 제공하였다. 또한 여기에는 당사국들이 별
도의 포럼에서 한반도 평화체제에 관한 협상을 가질 것을 별도로 명시

하였다. 흥미로운 점은 초기에 지지부진하던 협상이 2005년 2월 북한의 핵보유 선언으로 인하여 가속화되었다는 점이다. 아울러서 한반도 평화체제에 관한 논의가 본격화될 수 있는 계기가 마련되었다는 점도 9.19 공동성명의 중요한 성과라고 할 수 있다.

그러나 9.19 공동성명도 제대로 이행되지 못하고 파기되고 말았다. 공동성명 채택 직후 미국은 북한이 위조달러를 유통시킨다고 주장하며 북한의 방코델타아시아 은행의 계좌를 동결하는 등의 제재조치를 취하였으며 북한은 경수로 건설 지연 등을 문제 삼으면서 9.19 공동성명도 사실상 붕괴되는 처지에 이르렀다.

4) 2.13 합의 및 10.3 합의

미국의 금융제재에 대응하여 북한은 2006년 10월 제1차 핵실험을 단행하였다. 이번에도 위기 이후에 북미 간 협상이 더 탄력을 받는 모양새가 취해졌다. 북한과 미국은 6자회담의 틀을 지속시키면서 대화를 이어나가 결국 2007년 초 미국이 북한의 BDA 계좌에 대한 제재를 해제하고 '9.19공동성명 이행을 위한 초기 조치 (일명 2.13 합의)'에 합의하였다. 9.19 공동성명 이후 처음으로 북한 핵 폐기의 단계적 이행과 경제지원, 경제협력 및 관계정상화 조치 등을 '행동 대 행동'의 원칙에 따라 진행하기로 합의한 것이다. 3단계 비핵화 과정은 다음과 같다. 첫째, 북한의 핵시설 폐쇄 및 봉인 이행시(제1단계), 중유 5만톤 상당의 에너지를 지원한다. 둘째, 북한의 핵시설의 신고 및 불능화 이행시 (제2단계), 중유 95만톤 상당의 에너지를 포함한 대북 경제적, 인도적 지원을 제공하고, 미국의 북한에 대한 테러지원국 지정 해제 및 적성국 교역법 적용 해제 문제를 논의한다. 셋째, 북한의 핵폐기 이행시 (제3단계), 북미 및 북일 관계를 정상화하고 한반도 평화체제 및 동북아 평화안보체제 구축과정을 개시한다. 그러나 이러한 과정은 1년만에 2단계에서 멈추고 말았다.

북한은 2007년 7월 15일 중유 5만톤의 북한 도착을 확인한 후 영변 핵시설 가동 중단을 발표했으며 뒤이어 10월 3일 베이징에서 9.19 공동성명 이행 2단계 조치에 합의함으로써 미국 기술자들이 방북하여 북핵 불능화 조치에 착수하였다 (10.3합의). 그러나 미국이 요구하는 핵 검증의 문제는 합의되지 못했으며 이후로 북미관계는 다시 냉각상태로 들어가게 되었다. 이런 상태는 2009년 오바마 대통령의 취임 이후에도 개선되지 않았고 북한은 다단계 로켓 발사(4.5)와 제2차 핵실험(5.25), 그리고 여섯 개의 중단거리 미사일 발사(7.4) 등 미국에 대해 더욱 강경한 자세로 맞섰다.

5) 2.29 합의

제2차 핵실험과 장거리 미사일 발사 등 북한의 잇따른 도발에 강경하게 맞섰던 오바마 행정부는 2012년에 적극적인 대북 관여 정책으로 전환하여 북한과 양자협상에 나섰고 고위급 회담에서 상당한 성과를 거두었다 (2.29 합의). 2.29 합의는 북한은 핵실험을 유예하고, 우라늄 농축을 포함하여 모든 핵 프로그램 활동을 중단하고, IAEA 사찰 허용 등을 실행하고, 미국이 북한에 24만 톤에 해당하는 식량을 지원한다는 내용을 담고 있었다. 그러나 북한은 2012년 4월 장거리 미사일 시험 발사에 대한 유엔 안보리 의장성명에 반발하며 2.29 합의를 파기하였다. 이후 오바마 행정부에서는 북한에 대하여 '전략적 인내'라는 소극적 정책으로 일관하여 다시는 북한과의 양자 협상에 나서지 않았으며 그 동안에 북한은 세 차례의 추가 핵실험과 다수의 장거리 미사일 시험 발사를 통하여 핵과 미사일 기술의 고도화에 양적·질적 성공을 거두고 실질적인 핵보유국이 되었다.[71]

---

71) 조민, 김진하, 『북핵일지』 (서울: 통일연구원, 2014).

<u>3</u>

북한 비핵화 협상의 쟁점

앞서 설명한 바와 같이, 북한 비핵화를 위한 북미 간의 협상은 전형적으로 북한의 도발→위기→합의→합의 붕괴의 순으로 발생하였다. 현상적으로만 보면 한 두 번의 협상을 제외하고는 대부분의 협상이 북한이 핵시설에 대한 사찰을 거부하거나 협조하지 않으면서 제대로 이행되지 못하고 파기된 경향을 보인다. 그러나 그 현상이 이면에는 더 근본적인 문제가 존재한다.

1) 미국의 북한에 대한 거부감

가장 근본적인 문제는 북한에 대한 미국의 강한 거부감이라고 할 수 있다. 자유주의 전통이 강한 미국의 입장에서 북한은 지구상 최악의 '불량국가'이며 북한과 협상을 한다는 것은 정치적으로 부담스럽기 때문에 비핵화 협상도 적극적으로 추진하기 어려웠다고 볼 수 있다. 따라서 비핵화 협상도 선제적으로 미국이 추진하기보다는 북한의 도발과 위기에 반응하면서 수동적인 정책을 내놓기에 급급한 형국이 이어졌다. 예를 들어 1994년 5월 북한이 임의로 핵연료봉을 추출하여 전쟁위기가 발생한 이후에야 제네바합의가 타결되었으며 2006년 10월 제1차 북핵 실험 이후에 2.13 합의가 가능했던 것이다. 미국 내에

(http://news.chosun.com/site/data/html_dir/2018/01/31/2018013102281.html)

<트럼프 대통령이 연두교서에서 북한인권단체 나우(NAUH) 대표 지성호를 소개하자
지 대표가 목발을 들어 연설에 호응하고 있다, 출처: CNN>

서는 은연중에 북한 정권의 붕괴 내지는 교체를 바라는 여론이 자리
잡고 있는 것 또한 사실이다. 실제로 1994년 제네바합의 당시에 북한
에 경수로를 제공하는 것에 대한 어려움을 사전에 알고 있었음에도 불
구하고 서둘러 합의에 응한 것은 김일성 사후 북한의 붕괴 가능성에
더 큰 무게를 두었기 때문이라는 분석도 있다.[72]

북한이 미국과의 협상과정에서 미국의 '대북 적대시 정책' 폐기와
북한 체제의 안전보장을 끊임없이 요구하는 것 또한 미국 내의 북한에

---

72) 박한식, 강국진, 『선을 넘어 생각한다』 (서울: 부.키, 2018).

대한 거부감을 인식하고 있기 때문이라고 할 수 있다.

2) 북미 간 상호불신

미국의 북한에 대한 거부감과 미국에 대해서 북한이 가지는 두려움
은 양국 상호간에 불신이 쌓일 수밖에 없는 조건을 형성해 왔다. 지난
25년여의 기간 동안 쌓여온 상호불신은 양국 간 어떤 합의나 약속도
어렵게 만들고 있다.

미국의 입장에서 북한은 제네바합의가 북한의 비밀 우라늄 핵프로
그램에 의해서 파기되었으며 2.13 합의 역시 북한이 검증과 사찰에 협
조하지 않으면서 파기될 수밖에 없었다는 것이다. 뿐만 아니라 오바마
행정부에서 의욕적으로 추진했던 북미관계 개선의 노력의 성과였던
2.29 합의 또한 북한의 장거리 미사일 발사로 인하여 파기되었다고 보
고 있다. 한 마디로 미국에게 있어서 북한은 국제적인 협상을 할 수
있는 정상적인 국가라고 볼 수 없다는 것이다.

북한의 입장에서도 마찬가지이다. 미국이 경수로 건설을 의도적으
로 지연시켰다든지 부시 행정부가 이전 클린턴 행정부에서 취해진 제
네바합의를 일방적으로 파기했다는 등의 미국에 대한 불신이 쌓여 있
다. 이는 앞서 언급한 미국의 북한에 대한 강한 거부감과 맞물려 미국
에 대한 북한의 불신이 증폭되는 효과를 낳고 있는 것이다. 다만 북한
은 미국의 민주당 정부보다는 공화당 정부에 대해서 더 깊은 불신을
갖고 있는 것으로 파악된다. 이는 클린턴 정부 말기에 개선되고 있던
북미관계가 조지 W. 부시 정부 당시에 급속도로 악화된 경험에 기인
한다고 볼 수 있다.

3) 비핵화 vs. 체제보장

미북 양국 간 상호불신의 문제는 비핵화 협상의 가장 핵심적인 의제인 비핵화와 체제보장의 순서의 문제와 연결되어 있다. 결국 비핵화가 먼저인가 혹은 북한의 체제보장이 먼저인가의 문제가 협상의 핵심 쟁점이 되는 것이다.

미국은 북핵 시설과 능력의 '완전하고 검증 가능하며 불가역적인 해체 (CVID: Complete, Verifiable, Irreversible, Dismantlement)'를 북한과의 비핵화 협상의 목표로 추구한다. 북한은 핵개발 프로그램을 활용하여 체제안전을 보장하고 경제적인 지원을 얻고자 한다. 체제안전을 보장하는 방법은 미국의 대북적대시 정책 폐기, 북미수교, 평화협정 체결 등의 방법이 있을 수 있다. 상호간에 뿌리 깊은 상호불신이 지속되고 있는 상황에서 북미 양국이 상대방의 요구와 약속을 액면 그대로 수용하기 어렵다는 것은 의문의 여지가 없다. 북한의 표현을 빌자면, "조미사이에 불안정한 정전 상태가 가까스로 유지되는 조선반도에서 우리보고 먼저 무장해제하라는 것은 강도적 논리"라는 것이다. 더욱이 북한은 미국의 궁극적인 대북정책 목표가 북한의 체제전환과 정권 교체라는 의구심을 항시 갖고 있기 때문에 더더욱 핵을 포기할 수 없다는 입장이다. 미국이 여러 차례 북한에 대한 공격의사가 없음을 밝혔음에도 불구하고 북한은 이라크와 리비아 사례에서 핵을 내려놓은 자국의 미래를 보고 있는 것이다.

이에 대하여 미국은 선 비핵화 후 체제보장의 순서를 주장하고 있다. 오바마 행정부 당시 클린턴 국무장관의 말을 빌자면, 미국은 "북한이 검증 가능하고 되돌릴 수 없는 비핵화 약속을 다시 한 번 확인한다면 관계정상화, 정전협정을 대체할 평화협정, 경제지원 등을 검토하게 될 것"이라는 입장을 확인하고 있다.

북미 양자가 확연한 입장의 차이를 가지고 있기 때문에 9.19 공동성명과 2.13 합의 등 주요 합의에서는 "공약 대 공약," "행동 대 행동"(tit for tat)의 방법으로 단계적 비핵화와 체제안전보장의 방법에 합의한 바 있다. 비록 단계적 협상 방법이 합의 이행의 충분조건이 되는 것은 아니지만 확연한 입장의 차이를 보이고 있는 양자가 조금이라도 간격을 좁힐 수 있는 효과적인 방법이 된 것은 사실이다.

4) '검증'의 문제

위에서 언급한 원인들이 합의가 이행되지 못한 보다 근본적인 원인들이라고 한다면 가장 직접적인 원인은 '검증'의 문제였다고 할 수 있다. 애초에 북핵문제의 시발점이 되었던 1991년의 한반도 비핵화 공동선언이 북한이 IAEA 특별사찰을 거부하면서 불거졌고 제네바합의의 파기도 북한이 미국의 사찰수용 요구를 거부한 것이 가장 직접적인 원인이 되었다. 9.19 공동성명의 경우는 약간 다르게 BDA (방코델타아시아은행) 문제가 직접적인 원인이 되어 이행이 지지부진하였지만 그것의 실행 조치라고 할 수 있는 2.13 합의와 10.3 합의는 역시 신고와 검증의 단계를 넘지 못하면서 파기되었다.

신고와 검증의 문제는 북한의 핵개발 의지와도 연결된다. 한 마디로 미국은 북한의 핵개발의 의지와 능력을 과소평가했다고 볼 수 있다. 북한은 애초부터 핵개발을 포기할 의사가 없었고 자신들이 예상했던 수준 이상의 사찰과 검증을 요구받을 때는 그것을 거부하고 합의를 파기하는 수순을 밟아 나갔다. 미국이 합의 자체에 집착한 나머지 구체적인 검증방법이나 합의 이행 장치에 대해서 소홀히 한 측면도 한 몫 한 것으로 보인다.

<u>4</u>

북한 비핵화를 위한 북미정상회담 전망

북한 비핵화를 위한 북미 협상은 여전히 현재 진행형이다. 2018년 역사적인 북미 정상회담이 싱가포르에서 열렸고 2019년 초에 김정은-트럼프의 제2차 북미 정상회담이 열릴 것이라는 기대가 높아지고 있다. 무엇보다도 중요한 것은 이번 핵협상에서 북한 비핵화를 위한 새로운 전기가 마련될 것인가 아니면 지난 25년 동안의 실패의 역사가 또 다시 반복될 것인가의 문제이다. 이 문제에 대답을 하기 위해서는 2018년의 상황이 지난 25년여 간의 역사와 비교하여 질적으로 다른지 아니면 본질적으로 동일한 선상에 있는지를 먼저 평가할 필요가 있다.

1) 북한의 핵개발 완성

지난 25년과 2018년의 가장 큰 차이점은 북한의 핵능력이 거의 완성 단계에 왔다는 것이다. 북한은 5번의 핵실험을 통하여 자신들의 핵능력 고도화에 매진해 왔으며 가장 최근에는 수소폭탄 실험에도 성공한 것으로 스스로 평가하고 있다. 뿐만 아니라 장거리 미사일 개발도 거의 막바지에 이른 것으로 평가하고 있으며 아직 논란의 여지는 있지만 실제로 미국의 본토 서부를 타격할 능력을 갖춘 것으로 평가하고 있다.

북한이 핵개발을 완성하였다는 사실은 몇 가지 중요한 함의를 지니고 있다. 첫째, 이제 북한은 미국에게 직접적인 위협이 되고 있다. 특히, 장거리 미사일 기술과 결합된 핵능력은 미국에게 심각한 위협이라고 할 수 있다. 지난 25년간 북한의 핵과 미사일 능력은 미국에게 잠재적인 위협은 되었을지라도 실질적인 위협이라고 보기는 어려웠다. 미국이 북핵에 대해서 적극적・선제적으로 대응하는 대신에 소극적・대응적으로 임해 왔다는 지적도 이런 평가와 무관하지 않다. 그러나 이제는 북핵이 완성 단계에 있다는 의미에서 미국에게도 적극적인 대응이 필요한 시점이라고 할 수 있다.

두 번째는 핵능력의 완성으로 북한의 협상력이 높아졌다는 점이다. 핵개발의 초기 단계에서의 협상과 마지막 단계에서의 협상은 협상의 가치에 있어서 분명히 차이가 있다. 리비아의 경우 당시 핵 프로그램이 매우 초보적인 단계였기 때문에 상대적으로 쉽게 포기할 수 있었다는 분석도 있다. 그렇기 때문에 북한의 경우 리비아보다, 그리고 핵개발의 초기 당시보다 훨씬 높은 값을 부를 가능성도 존재한다. 만약 그것이 사실이라면 북미간의 협상은 기대했던 것보다 어려울 수 있다.

2) 협상 당사자의 변화

두 번째의 큰 변화는 협상의 당사자가 바뀌었다는 점이다. 미국의 트럼프 대통령과 북한의 김정은 위원장이 직접 협상의 당사자로 나섰다는 점은 역사상 처음으로 북미 정상이 만난다는 점 이외에 두 사람의 성격이 전임자들과는 다르다는 점 때문에 협상타결의 기대감을 갖게 한다.

미국의 트럼프 대통령은 워싱턴의 전통적인 정치인들과는 사뭇 다른 출신 배경과 성격을 보여주고 있다. 성공한 사업가 출신답게 협상에 능하고 실용적인 면을 많이 보여주고 있다. 자신에게 이익이 된다고 판단되면 다소 튀는 언행도 서슴지 않는다. 트럼프의 이런 성격이 북한과의 협상에는 도움이 될 수 있다. 앞에서 지적한 것처럼 자유주의 전통이 강한 미국 내 지도층의 여론에는 북한이라는 국가, 그리고 북한 정권에 대한 상당한 거부감이 자리 잡고 있고 그로 인하여 북한과의 협상을 꺼리는 경향이 있는데 트럼프 대통령은 이런 경향에서 한 발 떨어져 있다고 볼 수 있다. 따라서 북한의 입장에서도 미국에 대해서 항시 가져왔던 정권교체(regime change)에 대한 우려를 덜 할 수 있다. 민주주의나 인권 등과 같은 자유주의의 가치와는 별개로 북한과의 협상을 진행한다면 이전보다 쉽게 합의에 도달할 수도 있을 것이다.

이런 점은 김정은 위원장에게서도 비슷하게 발견된다. 혁명세대인 조부 김일성과는 2세대, 김정일과는 1세대 차이가 나는 김정은 위원장은 윗세대에 비해서는 혁명 이데올로기에 대한 집착이 덜하다고 할 수 있다. 주체사상이나 선군정치 등 윗세대들이 추구했던 사상적 지향점이 김정은에게는 강한 구속력을 갖지 못한다고 볼 수 있다. 여기에 더하여 스위스 유학 경험까지 고려한다면 더욱 현실적인 정책 결정을 기대해볼 수 있을 것이다.

(http://m.kmib.co.kr/view.asp?arcid=0012314889)

<2018년 남북정상회담에서 문재인 대통령과 김정은
위원장이 군사분계선에서 만나고 있다, 출처: 국민일보>

3) 중재자의 존재

앞에서 북미 간의 뿌리 깊은 상호불신이 합의를 어렵게 만드는 하나의 요인이라고 지적하였다. 이럴 경우 적극적인 중재자의 역할이 필요하다. 리비아의 경우 영국의 적극적인 중재로 미국과의 관계개선에 성공한 것처럼 북미 양국의 신뢰를 얻을 수 있는 중재자가 있다면 양국 간 신뢰회복 뿐만 아니라 합의 도출에도 큰 도움이 될 수 있다. 지난 25년의 역사에서는 이런 역할을 해줄 중재자가 마땅치 않았으나 지금은 한국이 적극적인 중재자의 역할을 담당하고 있다. 현재의 협상 분위기가 형성된 것도 한국 정부와 문재인 대통령의 역할이 컸다고 인정할 수밖에 없으며 그 역할은 앞으로 더 커질 것으로 전망된다.

4) 북한 비핵화 협상의 전망

북한 비핵화 협상에 대한 전망은 엇갈린다. 낙관적인 전망에 좀 더 무게를 두는 쪽에서는 위에서 설명한 것처럼 2018년 현재의 상황이 지난 25년여 간의 역사와는 질적으로 다르다는 점에 주목하고 있다. 비관적인 전망을 내놓는 쪽에서는 북미 간에는 여전히 상호불신이 강하게 깔려 있고 서로에 대한 인식의 변화도 크지 않다고 본다. 지금까지는 기존의 패턴처럼 북한의 도발-위기 고조-협상의 순서로 사건이 전개되고 있다는 점도 비슷하다. 협상 당사자가 바뀌었다고는 하나 그들을 둘러싸고 있는 구조 자체는 크게 변하지 않았다고 보는 것이다. 일각에서는 미국의 행정부 내에서 트럼프 대통령이 고립되어 있다는 분석도 나오고 있다.

이렇게 구조와 환경에 대한 평가가 엇갈리는 경우에는 보다 직접적인 요인인 협상의 성공을 결정한다고 볼 수 있다. 즉, 양쪽이 비핵화가 먼저냐 체제보장이 먼저냐를 놓고 일괄타결을 보기 위하여 힘겨루기를 하고 있다면 협상은 타결되기 어려울 것이고 비핵화와 체제보장을 '행동 대 행동', '공약 대 공약'(tit for tat) 방식의 단계적 해결책으로 의견 차이를 좁혀간다면 합의의 가능성은 좀 더 높아질 것으로 보인다. 무엇보다도 가장 중요한 핵심은 비핵화 조치의 검증을 어떻게 해나갈 것인가에 대한 합의 여부이다. 지난 25년여 간의 비핵화 협상의 역사는 검증의 방식을 최대한 구체적으로 적시하고 합의해야 한다는 점을 가르쳐주고 있다. 그렇게 해야만 검증에 대한 이견으로 합의가 파기되는 악순환을 피할 수 있다.

지난 25년여의 기간 동안 항상 도발의 주체가 되어왔던 북한이 스스로 비핵화의 의지를 표명한 이상 아직까지는 북한 비핵화 협상에 대한 낙관적 전망이 우세하다. 현재 벌어지고 있는 표면상 갈등은 협상을 유리하게 이끌기 위한 양측의 기싸움에 불과하며 결국에는 북미 양국 간의 합의가 이루어질 것으로 예측하는 측이 다수 의견이다. 그러나 이러한 예측이 현실이 되기 위해서는 '검증'이라는 산을 넘어야 한다. 북한의 비핵화 의지가 진정성이 있다면 못 넘을 산도 아니다.

참고문헌

김진하·조민. 『북핵일지』. 서울: 통일연구원, 2014.

박한식·강국진, 『선을 넘어 생각한다』. 서울: 부키, 2018.

전봉근. "북핵협상 20년의 평가와 교훈." 『한국과 국제정치』. 27권 1호, 2011
    년 봄.

제6부

한반도 평화체제의
쟁점과 전망*

1
서론

일제 강점기가 종식되고 한반도의 분단 이후 한국에서는 거의 모든 정권에서 어떤 형태로든지 간에 한반도에 긴장을 완화하고 평화를 정착시킬 수 있는 정치적, 제도적 방법을 추구하였다. 남북관계의 진전 정도에 크게 영향을 받기는 하지만 한반도에 항구적인 평화를 정착시키고자 하는 노력은 '한반도 통일' 다음 가는 거의 모든 정권의 가장 큰 관심사이자 정책목표가 되어 왔던 것이다. 굵직굵직한 관련 합의들만 보더라도 남북기본합의서(1992), 민족공동체통일방안(1993), 북미 간 제네바합의(1994), 9.19 공동성명(2005), 2.13 합의(2007) 등을 들 수 있다.

그러나 이명박, 박근혜 정부 등 보수정권 하에서는 남북관계가 경색되면서 한반도 평화정착을 위한 의미있는 노력이나 합의는 찾아보기 힘들었던 것이 사실이다. 이명박 정권 동안에 일어났던 천안함 폭침과 연평도 포격(2010)을 비롯하여 장거리 미사일 발사와 핵실험 등 북한의 잇따른 도발은 한반도에 평화정착에 관한 논의 자체를 어렵게 만들었다. 남북관계의 전환을 표방하고 야심차게 출발한 박근혜 정부에서도 이산가족 상봉 등 몇 차례의 남북 간 접촉에도 불구하고 획기적인

---

* 본 장은 필자의 "한반도 평화체제의 전망과 과제: 한반도 신뢰프로세스에 대한 함의," 『21세기정치학회보』, 25권 3호 (2015)를 수정·보완한 것임을 밝힌다.

남북관계의 진전은 이루지 못하고 있다. 그럼에도 불구하고 한반도에 항구적인 평화를 정착시키기 위한 노력은 여전히 필요하고 정책목표로서도 유효하다고 할 수 있다. 다행히 문재인 정부 들어서는 남북관계의 전환점이 마련되고 북핵문제 해결의 실마리를 찾고자 하는 노력이 계속되고 있다. 문재인 정부는 북핵문제의 해결 없이는 한반도에 평화를 정착시키고자 하는 노력이 결실을 맺기 어렵다는 판단 아래, 북미 간 핵협상을 중재하고, 북미 핵협상의 성공을 바탕으로 한반도에 지속가능한 평화를 정착시키려는 전략을 구사하고 있다.

이런 배경에서 본 장은 한반도에 평화를 정착시기고자 하는 제도적 노력의 일환으로서의 한반도 평화체제에 초점을 맞추고 그것의 쟁점을 검토하고 향후의 전개방향을 전망하고자 한다. 먼저, 국제적·지역적 체제로서의 평화체제의 개념과 정의를 검토하여 앞으로의 논의의 개념적 토대를 마련한다. 그 이후에 좀 더 구체적으로 한반도 평화체제에 관한 논의에 들어가서 한반도 평화체제 논의의 역사와 그 핵심쟁점들을 검토할 것이다. 그런 후에 한반도에 항구적인 평화체제를 구축하기 위한 구체적인 전략들을 제시하고자 한다. 결론에서는 앞선 논의들의 핵심적인 내용들을 요약하고 향후의 남북관계와 한반도 평화체제의 미래를 전망할 것이다.

2

평화체제의 개념과 정의

평화체제는 말 그대로 평화에 관한 체제라고 쉽게 이해할 수 있다. 좀 더 자세히 설명하자면 평화체제는 국제체제론적 입장에서 평화와 안정을 유지·지속시키기 위한 하나의 틀로서 이해할 수 있다.[74] 그러나 이 국제정치적 입장에서의 '체제'라는 용어도 국제정치 현실 속에서 어떻게 이해하느냐에 따라서 다양한 개념이나 실천 프로그램이 가능하다. 예를 들어 '체제'를 긴장 및 분쟁 요인들의 해결을 위한 제도화된 구조(system)라고 해석하는 입장도 있고[75] 그것을 '평화협정 등 평화에 관한 국제적 합의의 구조(regime)'이라고 보는 입장도 있다.[76] 어느 입장이든 평화협정만이 평화체제의 전부는 아니라는 점은 동일하게 이해되고 있다. 반드시 법적인 조치가 수반되어야만 하는 것은 아니며, 국교정상화 등의 정치적인 방법에 의해서도 평화체제가 가능하다는 점을 보여주는 것이다. 다시 말하는 평화체제는 법적인 의미와 정치적인 의미를 포괄한다고 볼 수 있으며 방법론적으로 보았을 때도,

---

74) 비슷한 시각에서 한반도 평화체제는 한반도에서 평화와 안정을 유지·지속시키기 위한 하나의 질서유지 틀로서 이해할 수 있으며 "평화체제와 관련된 행위자 문제, 행위자들 간의 상호작용의 유형, 행위자들 간의 힘의 배분상태, 그리고 행위자에 영향을 미치는 비인간적 요소 면에서 정의될 수 있는 한반도 국제환경"을 의미한다고 할 수 있다. 이수형, "한반도 평화체제와 한미동맹," 『통일과 평화』, 제1권 2호 (2009), p. 40.

75) 송대성, 『한반도 평화체제』 (서울: 세종연구소, 1998).

76) 곽태환 외, 『한반도 평화체제의 모색』 (서울: 경남대 극동문제연구소, 1997); 조성렬, 『한반도 평화체제』 (서울: 푸른나무, 2007).

지역안보조약이나 불가침조약과 같은 법적인 조치와 국교정상화 등의 정치적인 조치를 포괄한다고 볼 수 있다. 따라서, 가장 일반적인 용어로서 '평화체제(peace regime)'은 법적인 용어를 넘어서 정치적인 역동성이 가장 잘 반영된 개념으로 이해할 수 있다.

'평화체제'보다 더 우선적으로 정의되어야 할 개념이 '평화'라고 할 수 있다. '평화'는 이해하는 방식의 차이에 따라서 몇 가지의 다른 의미로 해석될 수 있는데, 먼저 '평화'를 '적대행위의 재발방지' 혹은 '무력충돌의 부재'정도의 수준으로 해석할 수 있는데, 이 해석에 따르면 1953년 이후의 한반도 상황은 평화적인 상황, 즉 평화체제로 볼 수 있다. 이런 해석은 대체로 '평화'에 관한 부정적이고 수동적인 해석이라고 볼 수 있으며 이 경우의 평화는 진정한 평화상태라기 보다는 평화에 준하는 상태 혹은 체제라고 보는 것이 타당할 것이다. 평화에 관한 두 번째 해석은 평화의 유지와 회복 혹은 그것을 넘어서 평화를 제도화시켜 가는 과정으로 이해할 수 있으며, 이 경우 평화는 평화를 건설 또는 구축하는 능동적인 개념으로 이해할 수 있다. 설명을 덧붙인다면 갈퉁의 소극적 평화(negative peace)와 적극적 평화(positive peace)의 개념을 차용할 만하다. 갈퉁이 말하는 소극적 평화가 전쟁의 부재 상태를 지칭하고 평화체제라는 것은 그 이면에 여전히 갈등이 잠재되어 있고 행위자들의 상호작용에 따라서 평화의 지속·유지가 항상 가변적인 불안정한 체제인 반면 적극적 평화라는 개념은 전쟁의 부재 상태를 넘어 전쟁 발생 원인의 부재상태를 의미하며 따라서 적극적 평화체제라는 개념도 소극적 평화체제가 일정 기간 이상 지속되어 관련 행위자들의 안보적 상호작용이 예측가능하고 그것을 기반으로 평화의 제도적·규범적 측면이 강조된다고 볼 수 있다.[77] 이러한 갈퉁의 소극적 vs. 적극적 평화체제의 개념을 차용한다면 1953년 이후의 한반도의 상황은 전면적인 전쟁의 부재에도 불구하고 남북간의 소규모의 무력충돌이 끊이지 않았고 항시적인 군사적 긴장상태가 유지되어 왔다는 점에서 '적극적 평화'의 부재 상태에 있어 왔다고 평가할 수 있다. 이러한 '소극적 평화체제' 속에서 한반도에서는 평화가 장기적·구조적으로 확보되지 못하고 남북 간 무력충돌의 가능성이 상존해 왔다고 볼 수 있다. 따라서 현 시점에서 우리의 목표는 한반도에서 '적극적·능동적·긍정적 평화체제'를 구축하는 것에 있다고 할 수 있으며 그럼으로써 한반도에서의 전쟁의 가능성을 차단하고 한반도 평화의 항구적 정착을 위한 정책적 조처들을 실행에 옮기는 것이라고 할 수 있다.

일반적인 의미에서 평화체제를 구축하기 위한 방법은 법적인 방법과 정치적인 방법으로 나눌 수 있다. 법적인 방법으로는 평화협정을 가장 먼저 떠올릴 수 있다. 이 방법은 관련 당사국들의 의회가 서명하는 국제협정의 한 방식으로서 법적·제도적으로 가장 확실한 평화체제의 구축 방법이라고 할 수 있다. 전통적인 의미의 평화협정은 전쟁을 종식시키기 위한 당사자 간의 문서화된 협정으로서 국제법적인 구속력을 가진다는 것이 일반적인 해석이다. 여기에 추가적으로 국제법적인 구속력을 지니지는 않지만 평화협정을 대신하여 평화에 대한 공동선언, 평화에 대한 일방적 선언과 묵시적 수락, 국교정상화 등의 정치적인 방법이 있을 수 있다.

---

77) Johan Galtung, *Peace by Peaceful Means* (London: Sage Publications, 1996).

<u>3</u>

한반도 평화체제 구축을 위한 남북협상

앞서 언급한 것처럼 1953년 정전협정이 이루어진 후 이승만 정권에서 북진통일을 주장했던 짧은 기간을 제외하면 어떻게 하면 남북관계를 안정시키고 한반도에 평화를 정착시킬 것인가의 문제는 거의 모든 정권에서의 핵심적인 관심사항이었으며 한반도 평화체제는 넓은 의미에서의 한반도 평화정착을 위한 제도적인 차원에서의 노력의 한 부분이었다고 그 위상을 평가할 수 있다. 그 오랜 세월동안의 노력에도 불구하고 한반도에서는 높은 수준의 군사적 긴장이 상시적으로 존재해왔고 간헐적으로 군사적 충돌도 없지 않았으며 그러한 긴장과 충돌들이 한반도를 평화 부재의 상태로 만들어 왔다고 평가할 수 있을 것이다. 그러던 중에도 한반도에 평화를 정착시키기 위한 남북한 간의 협상이 없지는 않았으며 그 중에 몇몇은 의미있는 합의를 이끌어낸 것도 사실이다.

1) 7.4 남북공동성명 (1972)

1972년에 남북관계에 있어서 자주·평화·민족대단결의 세 가지 원칙에 합의했던 7.4 남북공동성명은 한반도 평화정착을 위한 논의의 출발점을 제공했다고 평가할 수 있다. 공동성명 발표 자체는 선언적인 의미에 그쳤으나 그 이후 남북관계의 지침을 제공했다는 측면에서 그 역사적 의의를 찾을 수 있다. 이후 '평화적 분쟁 해결'의 원칙은 그 실행 여부를 떠나 남북관계 진전을 논할 때마다 하나의 근본원칙으로 자리잡게 되었다.

그것의 역사적 의의와는 별도로 그것을 가능하게 했던 북한의 의도는 냉정하게 평가할 필요가 있다. 이 당시까지 한반도 정전체제에 관한 북한의 공식적인 입장은 여전히 북한과 미국의 평화협정 체결만이 정전체제를 평화체제로 바꿀 수 있으며 이것은 미군철수 및 유엔군 사령부 해체와 연계되어야 한다는 것이었다. 그리고 그 이면에는 그 당시 미중관계 개선을 통한 주한미군 철수 가능성에 회의를 갖게 된 북한의 정치적 의도가 있었다고 보는 것이 객관적인 평가일 것이다.[78] 7.4 남북공동성명은 남북관계에 있어서 현상적으로 드러나는 합의보다는 그 이면에 깔려 있는 정치적 의도가 훨씬 더 중요한 요인이라는 점을 인식시켜준 대표적인 사건이라고 할 수 있다. 결국 상호간의 신뢰와 진정성이 결여되었던 7.4 남북공동성명은 이렇다할 정책적 결실을 보지 못한 채 선언적인 의미만을 남기게 된 것이다.

2) 민족공동체 통일방안 (1989)

7.4 남북공동성명이 한반도 평화정착을 위한 논의의 출발점을 마련한 이후 이 문제에 관한 남북간의 진지한 논의는 더 진전되지 못하고 상당한 시일이 흘렀다. 그 동안에도 한반도에는 군사적 긴장이 완화되지 않았고 간헐적인 무력충돌도 없지 않았다. 한반도에 평화를 정착시

---

78) 신욱희, "북미관계와 한반도 평화체제: 역사적 고찰,"『한국정치외교사논총』, 제33권 2호 (2012).

키기 위한 또 하나의 의미있는 노력은 1989년 노태우 정부에 의해서였다. 노태우 정부는 1989년 한반도 평화체제의 수립을 담고 있는 '한민족 공동체 통일방안'(1989.9.11.)을 발표하였다. 그 전에 노태우 대통령은 유엔총회연설(1988)에서 '동북아평화협의회의'를 제안하며 정전협정을 항구적인 평화협정으로 대체하는 구체적인 방안을 강구할 필요가 있다는 점을 역설함으로써 한반도 평화체제의 가능성을 국제무대에서 논의하고자 처음으로 시도하였다. 물론 이 경우에도 평화체제 수립의 주체는 한국과 북한이어야 한다는 당사자주의는 북한의 입장과는 차이가 있는 것이었다. 그 이전의 논의에 비해서 진전이 있었다고 말할 수 있는 부분은 '한민족 공동체 통일방안'에서 제2단계로 상정된 '남북연합'에서 군사적 신뢰조성과 군비관리의 실현과 함께 군사정전체제의 평화체제로의 전환도 논의될 수 있을 것으로 생각함으로써 선언적인 의미에 그쳤던 7.4 남북공동성명에 비하여 훨씬 더 실질적이고 구체적인 그림을 그렸다고 평가할 수 있을 것이다.

3) 남북기본합의서 (1991~2)

한민족 공동체 통일방안에 담긴 평화체제에 관한 구상이 남북대화에 실질적으로 처음 적용되어 나온 첫 결과물이 '남북한 간의 평화·불가침, 교류, 협력에 관한 합의서'(1991.12.13. 채택, 1992.2.19. 발효, 이하 남북기본합의서)라고 할 수 있다. 그 내용은 화해(제1장), 불가침(제2장), 교류협력(제3장) 등으로 구성되어 있으며, 이러한 구성을 보면 평화체제 구축을 위한 주요한 쟁점들이 총망라되어 있는 것을 알 수 있다.

화해에 관한 원칙을 정한 제1장에서는 상호체제를 인정할 것(제1

조), 상호간의 내정문제에 간섭하지 않을 것(제2조), 비방과 중상을 금지할 것(제3조), 파괴와 전복행위를 금지할 것(제4조), 정전협정을 준수할 것(제5조), 그리고 판문점에 연락사무소를 설치할 것(제6조) 등에 합의하였다. 그리고 이 조항들의 실천을 위한 구체적인 규정들을 추가적으로 부속문서에 기록하였는데, 예를 들어, 남북 간의 화해에 모순되는 법과 제도를 개정 또는 폐지할 것, 이를 위해 '법률실무위원회'를 설치할 것, 현재의 정전체제의 준수 및 평화체제로의 전환을 위한 대책을 강구할 것, 그리고 이들 합의사항을 이행하기 위해 '남북화해공동위원회'를 구성할 것 등이 있다.

불가침에 관한 원칙(제2장)은 다음과 같은 조항을 포함하고 있는데, 즉, 상대방에게 무력을 사용하지 않을 것, 의견대립과 분쟁을 대화와 협조를 통하여 평화적으로 해결할 것 등. 특히 육상경계선에 관해서는 1953년의 정전협정에서 규정한 군사분계선을 인정하고 해상경계선 즉 NLL문제에 관해서는 계속 협의해 나간다는 점을 분명히 하고 있다. 불가침 원칙을 구체화하기 위하여 '남북군사공동위원회'를 두고 군비통제, 군축등의 문제를 협의해 나가기로 합의하였는데, 특히 '남북 불가침의 이행과 준수를 위한 부속합의서'는 평화협정 체결 및 평화체제 구축과정에서 중요한 논점에 관해 합의되어 있다.

교류협력(제3장)에 관해서도 남북 간의 물자교류 이외에 교육, 과학, 신문, 라디오 등 사회와 문화 등 다양한 분야에 있어서의 교류에 대해서도 구체적인 조치가 합의되었는데, 구체적으로 남북 간의 왕래를 촉진하기 위하여 신변안전과 무사귀환을 보증하기로 하였다. 그리고 이를 위한 실무 및 절차를 논의하기 위해 '사회문화 교류협력 공동위원회'를 구성하기로 합의하였던 것이다.

남북기본합의서는 종전의 정치적 합의와 달리 남과 북이 서로 상대방의 체제를 인정하고 존중한다는 것을 전제로 하며 남북관계를 "나라와 나라사이의 관계가 아닌 통일을 지향하는 과정에서 잠정적으로 형성되는 특수관계"로 정의내리고 사실상 정전상태를 평화상태로 이행하는 데 필요한 내용이 담겨져 있다.[79] 그러나 남북기본합의서는 그 역사적인 의미에도 불구하고 1992년 미국이 북한의 핵개발 의혹을 제기하고 이에 반발한 북한이 1993년 3월에 NPT 탈퇴 선언으로 맞서면서 제대로 시행해 보기도 전에 무용지물이 되고 말았다.

4) 제네바 핵합의 (1994)

한반도 평화체제가 남북한 사이의 문제에 국한되지 않는다는 것은 정전협정의 당사자가 중국과 미국을 포함한다는 사실에서도 확인된다. 이에 근거하여 북한은 미국과의 평화협정 체결이 그들의 안보를 보장할 수 있는 최선의 방법이라고 믿고 이를 적극적으로 추진하였던 것이다. 북핵문제를 해결을 목표로 하였던 제네바 핵합의에 북한은 이에 관한 내용들을 명시함으로써 자신들의 체제보장을 의도하였다. 이 과정에서 북한은 한국을 최대한 배제하려고 하였고 한국은 그 반대로 북미 간의 협의과정에서 남북한 간의 통로를 최대한 유지하고자 노력하였다.

제네바 핵합의에 이르는 과정에서 북한은 미국에 NPT상의 규범인 '소극적 안전보장(Negative Security Assuarance)'을 북미 2개국 간에 확약할 것을 요구했고 이것은 북미 간의 제1라운드 협의의 공동성명(1993년 6월11일)이 "핵무기를 포함하는 무력을 사용하지 않고, 이러한 무력에 의한 위협도 하지 않는 것을 보장한다"고[80] 명시함으로써

---

79) 김경일, "한반도 평화체제 구축의 필요조건과 충분조건," 『북한학연구』, 창간호 (2005).
80) Joint Statement of the Democratic People's Republic of Korea and the United States of America, New York, June 11, 1993. <http://nautilus.org/wp-content/uploads/2011/12/CanKor_

어느 정도 달성되었다고 할 수 있다. 그럼에도 불구하고 북한은 미국으로부터 더욱 확실한 안전보장을 위하여 북미 평화협정 체결을 제안하는데, 구체적으로 북한의 성명 내용을 보면, "조선반에도 조성되어진 제반 사태는 조미간의 적대관계를 해소하고, 화해를 이룩하고, 조선반도의 진정한 평화와 안전을 보장하자면, 반드시 정전협정을 평화협정으로 바꾸고, 현 정전기구를 대신하는 평화보장체계를 수립"할 것을 요구하고 있다. 그러나 결과적으로는 북한의 끈질긴 요구에도 불구하고 북한은 북미간 평화협정을 끌어내는 데는 실패하고 위에 언급한 공동성명의 내용을 재확인하는 데 만족할 수밖에 없었다.

5) 9.19 공동성명

2차 북핵 위기로 제네바합의가 무효화되자 다시 한반도에 긴장이 고조되고 클린턴 행정부 말기부터 점차 개선되어 가던 북미관계가 다시 악화되었다. 1차 북핵 위기를 대체적으로 북미 간 양자관계로 풀어나갔던 미국은 2차 핵위기 때는 접근법을 달리 하여 다자간 접근법을 취하였는데 결과적으로 2003년부터 시작된 6자회담이 북핵 위기를 풀기 위한 기본적인 틀로 자리를 잡은 것이다. 수 차례의 회담 끝에 북핵 문제 해결의 단초를 제공할 수 있는 공동성명을 발표하는데 (2005년 9.19) 그 속에 한반도 평화체제에 대한 조항이 제네바 합의에서의 그것보다 더 구체적으로 명시되어 있었다. 9.19 공동성명은 북한의 핵프로그램 포기에 대한 댓가로 관련국들이 대북 에너지 지원, 관계정상화, 한반도평화체제 구축, 동북아다자안보체제구축 등 여러 가지 정책적 지원이 포함되어 있었다.

VTK_1993_06_11_joint_statement_dprk_usa.pdf>.

2차 북핵 위기로 악화일로에 있던 동북아정세가 9.19 공동성명을 계기로 평화체제를 논의할 수 있었던 것은 한반도 평화정착을 위해서 중요한 사건이라고 할 수 있다. 9.19 공동성명에서 6자는 동북아 항구적 평화와 안정을 위하여 공동 노력할 것을 공약하고 관련 당사국들은 적절한 별도 포럼에서 한반도의 항구적 평화체제에 관해 협상을 진행할 것을 명시하고 있다. 이 부분에서 당사국들이 묵시적으로 합의하고 있었던 사항 중 하나는 한반도 평화체제는 6자회담에서 직접적으로 다루어질 문제라기보다는 관련 당사국(예를 들어 남·북·미·중 4개국)들이 따로 포럼을 구성하여 논의하도록 합의하였다는 점이다.

9.19 공동성명을 계기로 한반도 평화체제가 논의의 대상이 되었다는 것은 새로운 국면의 시작을 의미할 수 있으며 그 외에도 그것이 가지는 의미는 결코 작지 않다. 첫째, 무엇보다도 한반도 평화체제가 어떤 형태로든 시작될 수 있는 계기가 되었다는 점이 중요하다. 둘째, 9.19 공동성명은 한반도 평화체제가 북한의 비핵화와 떼려야 뗄 수 없는 관계가 있다는 사실을 확인시켰다는 점이다. 셋째, 한반도 평화포럼이라는 다자회담 방식에 의해서 한반도 평화체제가 논의되게 되었다는 점 또한 중요한 의미를 지닌다고 볼 수 있다.[81] 이러한 중요한 의미가 있는 합의였음에도 불구하고 그 이후에는 모두가 잘 아는대로 6자회담은 이렇다 할 성과를 내지 못하고 지지부진하게 흘러가는 동안 북한은 수 차례의 핵실험을 실시하고 자국의 헌법에 핵보유국을 명시함으로써 명실상부한 핵보유국으로서의 지위를 국제사회로부터 인정받기 위하여 애쓰고 있는 상황이다. 북한의 비핵화가 어려워지고 있는 만큼 그와 연계되어 있는 한반도 평화체제도 그만큼 어려운 상황에 있는 것이 우리가 처한 현실이라고 할 수 있다.

---

81) 박종철, "한반도 평화체제 구축," 『한국과 국제정치』, 제24권 1호 (1997), p.185.

4
한반도 평화체제의 핵심쟁점

짧지 않은 시간 동안 한반도 평화체제에 관한 논의가 진행되어 왔으나 현재까지 구체적으로 실행에 옮겨진 적은 거의 없다. 거기에는 여러 가지 이유가 복합되어 있지만 가장 근본적인 이유는 주요한 쟁점들에 관해서 관련 당사국들의 입장이 모두 다르고 합의가 쉽지 않기 때문이다.

1) 평화체제의 주체

한반도 평화체제의 당사국이라고 할 수 있는 남·북·미·중은 각각 한반도 평화체제에서 누가 어느 정도의 지분을 가지고 참여해야 하는가의 문제에 있어서 자국의 입장과 시각에 따라서 다른 생각을 갖고 있으며 이것을 조율하는 것이 쉽지 않은 문제이다. 북한은 애초에 한반도 평화체제는 북미간의 평화협정 체결이 우선적으로 이루어져야 한다는 입장이다. 한반도의 군사적 긴장은 미국의 대북한 적대시 정책에 기인한다고 보고 있기 때문이다. 다른 한편에서는, 앞서 언급한 것처럼, 미국이 휴전협정의 당사자라는 점에서 휴전협정을 평화협정으로 전환하기 위해서도 미국과의 협정체결이 우선되어야 한다는 입장이다. 비슷한 맥락에서 한국은 평화협정의 당사자는 될 수 없다는 입장이다. 그러나 2차 북핵위기 이후에는 입장의 변화를 보이며 북미협정 자체보다는 북미 관계정상화를 주장하고 있다. 그 이면에는 북미 관계정상화가 북한의 주권 존중, 불가침, 내정불간섭 등을 포함함으로써 실질적으로 북미평화협정과 거의 동일한 결과를 수반할 뿐만 아니라 더 포괄적이라는 판단이 작용한 것으로 보인다.

미국은 애초부터 복잡한 이슈들이 연관되어 있는 평화협정이나 평화체제 구축보다는 한반도의 긴장완화와 신뢰구축에 더욱 중점을 두어 왔다. 더군다나 미국 정부가 북한에 대해 단독으로 전쟁선포를 한 적이 없고 유엔의 이름으로 참전한 것이기 때문에 미 의회가 북미 평화협정을 비준할 근거도 없었다.[82] 그러나 이후 9.,19 공동성명에서는

(https://www.rfa.org/korean/weekly_program/la-c0ddc0ddb274c2a4/co-jh-08152011140803.html)

<1953년 7월 27일 휴전협정을 체결하는 북한국과 유엔군, 출처: 자유아시아방송>

82) 박종철, "한반도 평화체제 구축,"『한국과 국제정치』, 제24권 1호 (1997), p.185.

비핵화와 한반도 평화협정을 일괄처리할 수 있다는 입장으로 정책을 변경하게 된다. 그만큼 북한의 비핵화가 미국의 당면과제임이 드러나는 대목이라고 할 수 있다.

한국은 휴전협정의 당사국은 아니지만 한반도에서의 실질적인 분쟁 당사국으로서 평화체제의 주체가 되어야 한다는 입장이다. 북미간의 협상과정에서도 한국은 미국에 대해서 한미동맹을 내세워 자국의 입장이 관철될 수 있도록 할 수 있는 모든 노력을 다하여 왔다.

2) 비핵화와 평화체제의 순서

9.19 공동성명의 발표 이후에 가장 핵심적인 쟁점이 된 것은 앞서 언급한 바와 같이 북한의 비핵화와 한반도 평화체제를 어떤 시점에서 어떤 방식으로 연계하여 풀어갈 것인가의 문제라고 할 수 있다. 북한은 애초에 북미 관계정상화와 한반도 평화체제의 수립이 비핵화의 전제조건이라는 점을 명확히 하였다. 다시 말하면 북한은 체제의 안전을 보증하기 위하여 핵이 필요하며 핵포기를 위해서는 미국의 대북 적대시 정책이 먼저 포기되어야 한다는 입장이다. 한 마디로 말하면, 선 평화체제, 후 비핵화의 순서를 원한다고 할 수 있다. 그러나 최근에 북한이 핵무장에 성공하면서 이마저도 불투명해 졌다고 보아야 할 것이다. 미국은 처음부터 선 비핵화, 후 평화체제의 방식을 선호해 왔다. 비핵화를 완료하고 북한과 미국의 신뢰가 조성되어 실질적으로 평화체제를 위한 조건이 성숙한 후에 최종적으로 한반도 평화협정을 체결하고 평화체제를 정착시키는 방안이다. 그러나 이 안도 북한의 반대를 고려하면 실현가능성이 높지 않은 방안이다. 세 번째 안은 비핵화와 평화체제 구축을 조율하는 방안이라고 할 수 있는데 선 비핵화와 선 평화

체제 구축 입장을 조율한 것으로 핵폐기와 평화체제 구축을 단계적으로 연계하는 방안이다. 즉, 핵폐기의 진행과정을 기준으로 이에 상응하는 수준에서 평화체제 구축과 북미관계 진전을 추진하는 것이라고 할 수 있다.[83)]

비핵화와 평화체제의 연계 문제는 미국과 북한의 입장이 가장 첨예하게 대립하고 있고 미국이 북한을 전혀 신뢰하지 못하고 있다는 점이 합의에 이르는 데 가장 큰 걸림돌로 작용하고 있다. 여기에다 최근에는 미국이 한반도 비핵화를 추진하려는 의도가 있는지, 아니면 북핵을 이미 용인하면서 새로운 핵억제전략을 나름대로 추진하고 있는지가 분명치 않다.[84)]

(https://www.voakorea.com/a/4467808.html)

<북한이 공개한 ICBM급 탄도미사일의 엔진과 김정은 위원장, 출처: 로이터통신>

---

83) 박종철, "한반도 비핵화와 평화체제 전환의 단계적 접근," 온라인시리즈 (통일연구원, 2005), p.7~8.

84) 정병호, "한반도 평화체제 전환과정의 안정적 관리방안,"『한반도 평화체제와 대북정책』, (국방대학교, 2009), p.62.

결론적으로 한반도 평화체제에 대한 논의가 지지부진한 사이에 북한이 핵무장에 성공하면서 남북관계 및 북미관계의 틀 자체가 바뀌었다고 볼 수 있지만 다른 대안이 마땅치 않은 상황에서 한반도 평화체제는 북한의 비핵화를 위해서는 여전히 유효한 카드라고 할 수 있다. 문제는 이것을 어떻게 북한의 비핵화와 단계적으로 연계시킬 것인가의 문제라고 할 수 있다.

3) 평화체제와 한미동맹의 관계

한반도에 평화를 정착시키는 과정에서 또는 한반도 평화체제를 구축하는 과정에서 빠질 수 없는 주제가 미국의 역할이다. 특히, 북한의 한미동맹과 주한미군에 대한 과도할 정도로 민감한 반응으로 인하여 한반도 문제에 있어서의 미국과 주한미군의 위상은 항상 남북관계에서 뜨거운 감자가 되었던 것이다. 북한이 때에 따라서 한반도 평화체

(https://www.voakorea.com/a/4650711.html)

<한미연합사령관 이취임식, 출처: 미국 국방성>

제를 먼저 제안하거나 적극적으로 대처했던 것도 동북아의 정치적인 환경이 그들에게 유리하게 전개될 때마다 그 분위기를 이용하여 주한미군 철수를 관철시키겠다는 의도가 다분했다는 것이 객관적인 평가라고 할 수 있다.[85] 그러나 한국과 미국은 어떤 경우에도 한미동맹은 견고하게 유지될 것이며 주한미군의 철수는 고려대상이 아니라는 확고한 입장을 같이 하고 있다. 한미동맹과 주한미군에 대한 북한과 한미 사이의 이러한 확연한 입장 차이는 한반도 평화체제가 쉽게 구축되지 못하는 한 이유가 되고 있다.

그러나 만약에 한반도 평화체제가 구체화된다면 한미동맹에 일정정도 변화가 불가피하다는 것이 중론이다. 이럴 경우에도 한국의 입장에서는 평화체제와 한미동맹의 조화를 위해서 현명한 정책결정이 필요하다. 예를 들어, 주한미군의 규모와 존속여부, 전략적 유연성의 도입 여부, 전시작전통제권 전환 여부 및 시기 등 민감한 문제가 산적해 있으며 이것들은 모두 한미 간의 긴밀한 협의를 필요로 한다.

---

85) 이상현, "한반도 평화체제와 한미동맹," 『한국과 국제정치』, 제22권 1호 (2006), p. 228 ~236.

<u>5</u>

한반도 평화체제를 위한 실천 방안

한반도 평화체제 구축을 통한 평화정착 노력이 어느 정도 현실적인 한계를 지니고 있는 것은 사실이이다. 북핵 해결이 아직 실마리를 찾지 못하고 있고 북한에 대한 국제사회의 제재가 여전히 강고하게 자리를 잡고 있기 때문이다. 그러나 장기적인 관점에서 그것을 구현하기 위한 방안을 모색하는 작업은 여전히 필요하다. 특히, 평화체제가 안고 있는 사안의 복잡성 때문에 다차원적인 접근법이 필요하다고 볼 수 있다. 여기서는 국제적 차원과 남북관계 차원의 접근법으로 나누어 검토한다.

1) 남북관계 차원의 접근법

한반도문제의 가장 중요한 당사자는 명백하게 남북한이다. 따라서 한반도 평화체제 구축을 위한 노력도 1차적으로는 남북한의 몫일 수밖에 없다. 남북관계에서 신뢰가 구축되고 진전을 보인다면 한반도 평화체제의 가능성도 열리게 되는 것이다.

○ 북한 주민에 대한 인도적 지원 확대

(https://www.rfa.org/korean/in_focus/food_international_org/ne-nj-11202018101134.html)

<대북협력민간단체협의회의 밀가루 트럭이 임진강을 건너는 모습, 출처: 연합뉴스>

북한 주민에 대한 인도적 지원은 진보와 보수 정권에 관계없이 남북 관계를 진전시킬 수 있는 좋은 방안이 된다. 인도적 지원 자체는 유엔 제재에도 저촉되지 않는다. 따라서 남북한 간의 신뢰구축을 위한 첫 단추로서 북한 주민들에 대한 인도적 지원의 확대는 가장 유용한 방안이 될 수 있다. 2014년에 열렸던 남북 이산가족 상봉을 정례화하고 민간에서 주도하는 영유아 영양 지원사업 등을 정부차원으로 확대하는 방안도 적극적으로 검토할 필요가 있다. 애초에 구상했던 것처럼 북한 주민에 대한 인도적 지원은 정치적 상황 또는 북한의 반응과 무관하게 그야말로 인도적 차원에서 추진할 필요가 있다. 이런 방식을 통해서 한국 측에서 먼저 북한에 대한 신뢰구축의 의지를 표명하는 것은 평화프로세스가 성공하기 위한 중요한 포인트가 될 전망이다.

○ 한반도 평화포럼

한반도 평화체제에 관한 본격적인 논의의 계기가 되었던 9.19 공동성명에는 한반도에서의 항구적인 평화를 구축하기 위한 방안으로 가칭 '한반도 평화포럼'이라는 별도의 기구를 구성하여 제반 사항들을 협의할 것을 명시하고 있다. 그 이후 북한의 핵도발 등으로 남북관계가 악화되어 단 한 차례의 회의도 열어보지 못하고 사실상 폐기되었음을 상기해보면 '한반도평화포럼'을 6자회담이 재개될 기미가 안 보이는 현 상황에서 그것의 대안으로 활용할 수 있을 것으로 판단된다.

한반도평화포럼은 남북한을 비롯하여 미국과 중국 등 현 정전체제에 깊이 관여하였던 4국을 당사국으로 하여 한반도에서의 평화와 안보에 관해 폭넓게 다루는 것이 바람직할 것이다. 4자회담 형식의 한반도평화포럼의 틀 내에서 남북군사회담과 같은 양자회담을 병행할 수 있다면 더욱 바람직할 것이며 여기서 북한 핵문제를 비롯한 제반의 군사 혹은 군축 문제를 다룰 수 있을 것으로 기대할 수 있다.

○ 북한 비핵화와 연계하는 단계적 접근

앞서 지적한 바와 같이 한반도에서 평화가 실질적으로 그리고 제도적으로 정착되기 위해서는 어떤 형태로든 북한 핵문제가 해결되어야 할 것이다. 그러나 비핵화와 평화체제의 순서에 관해서는 앞에서 살펴본대로 북한과 한미 간 입장 차이가 크므로 평화정착을 목표로 한다면 '선 비핵화 후 평화체제'를 고수하기보다는 비핵화와 평화체제 전환의 단계적 이해를 우선적으로 고려하는 방안을 적극 검토할 필요가 있다. 예를 들어, 북한의 핵동결 선언과 한반도평화포럼 구성을 동시에 발표하는 방안도 생각해 볼 수 있다. 현재 북한의 핵능력을 고려할 때 1년에 2~5기의 새로운 핵무기를 제조할 수 있음을 감안한다면 북한의 핵을 현 수준에 동결할 수 있다면 그것만으로도 큰 성과라고 할 수 있으며 그것을 향후 남북관계 진전의 시발점으로 삼을 수 있을 것이다.[86] 장기적으로는 북한이 NPT에 복귀하고 IAEA 사찰을 수용한다면 그에 상응하여 한반도 평화체제를 문서화·제도화하는 문제까지 함께 논의할 수 있을 것이다.

○ 군비통제 조치

한반도평화포럼이 발족되고 소기의 성과를 달성할 수 있다면 그와 동시에 혹은 그것의 후속조치로서 최소한의 군비통제 또는 군축 조치가 이루어지는 것이 바람직하다. 구체적으로는 군사적 신뢰조치(CBM: Confidence Building Measures)와 군비제한 조치가 동시에 이루어져야 실효성이 있을 것으로 판단된다.[87] 군사적 신뢰구축과 군비통제의 문제가 요원한 현실성이 없는 것처럼 들릴 수 있겠으나 실제로는 1992년의 '남북기본합의서'에서도 이미 합의된 바가 있으며, 군사분과위원회와 군사실무회담을 운영하기도 하였다는 점을 고려하면 불가능한 일은 아닌 것으로 판단된다. 오히려 성사만 될 수 있다면 이것이야말로 한반도에 실질적인 평화를 정착시킬 수 있는 가장 확실한 방법이

---

86) 북한의 핵능력에 관해서는 김동수, 안진수, 전은주, 이동훈, 『2013년 북한 핵 프로그램 및 능력평가』 (서울: 통일연구원, 2014)를 참조할 것.

87) 군사적 신뢰조치란 사호 군사정보 교환을 통해 군사력의 보유 및 배치상태에 대한 전반적인 정보의 파악, 군사훈련의 통보 및 참관을 통하여 상대방의 전투대비태세 등을 사전에 인지함으로써 남북 양측이 상대방의 기습공격의 가능성으로부터 상당한 정도로 자유로운 상태를 유지할 수 있는 조치를 말하고, 군비제한 조치란 현존의 군사력 보유는 그대로 인정하지만 그 사용과 배치, 운용 등을 규제하는 조치를 이른다. 예를 들어 DMZ의 범위를 확장하여 남북한이 전방 배치한 과다병력을 후방으로 철수시킴으로써 평시 무력충돌 가능성을 감소시키고 전쟁을 예방하는 효과적인 수단이 될 수 있다. 한용섭, "한반도 평화체제 구축의 조건," 『북한학연구』, 창간호 (2005), p. 34~35.

될 것이다.

2) 국제적 차원의 접근법

한반도에 평화가 정착되기 위해서는 남북관계의 진전뿐만 아니라 국제적인 협력이 반드시 필요하다. 특히, 정전협정의 당사국이라고 할 수 있는 미국과 중국의 협력이 필수적이다.

○ 미국과 중국의 한반도평화포럼 참여

첫 번째로 위에서 제기했던 한반도 평화포럼에 중국과 미국이 당사국으로 참여하는 것이 중요하다. 미국은 이미 부시 행정부 당시에 한반도 종전선언에 관심이 있다는 의견을 피력한 바 있으며, 클린턴 행정부 당시에도 한반도 평화체제 구축에 관심이 있다는 점을 밝힌 바 있는 만큼, 우리 정부의 요청이 있을 시에는 포럼에 참여할 수 있을 것으로 판단된다. 오바마 행정부 당시의 '전략적 인내' 정책이 실효를 거두지 못하였고 트럼프 행정부가 대북 협상에 적극 나섬으로서 북미관계의 중대한 변화도 기대해볼 수 있게 되었다. 중국도 기본적으로 남북한의 점진적인 신뢰구축과 긴장완화를 위하여 관련 당사국간의 대화가 지속되어야 한다는 입장을 견지하고 있으며 북한에 대해서 남한과의 관계 진전을 우선적으로 촉구하고 있다. 더욱이 북핵 문제에 있어서도 6자회담을 통한 평화적 해결이 아직도 필요하다고 주장하고 있는 바, 한반도평화포럼이 구체화된다면 참여하지 않을 명분이 없다. 다만, 한반도평화포럼 내에서도 북미간의 직접 대화 및 협상, 그리고 관계정상화 협의가 병행되어야 함을 강조할 수 있을 것이다.

○ 북미관계의 개선

한반도평화체제의 구축과 관련하여 북한이 가장 일관되게 주장한 것은 북미관계 정상화라고 할 수 있다. 특히, 정전협정을 대신할 수 있는 북미 평화협정을 체결할 것을 주장하였고 여기서 남한은 정전협정의 당사자가 아니라는 이유로 협정체결 과정에서 제외되어야 한다고 주장해 왔다. 북미관계 정상화 또는 북미 평화협정 체결의 핵심적인 사항의 하나로서 주한미군 철수를 주장하고 있으며 이것을 냉전체제 붕괴 이후의 북한체제 생존을 위한 중요한 전략으로 삼고 있다. 2000년 남북정상회담 이후 주한미군의 지위와 역할 변경 시, 주둔을 용인할 수 있음을 간접적으로 시사하기도 하였으나, 여전히 공식 담론에서는 주한미군 철수가 한반도 평화체제 수립의 핵심적 부분이라고 주장하고 있다. 미국은 클린턴 행정부 시기에 북핵 폐기를 통한 한반도 비핵화와 미북 정치·경제 관계 개선을 통한 관계 정상화를 병행 추진하였으며 1990년대 후반 4자회담을 통해 정전체제를 평화체제로 전환 문제를 다루자는 입장이었으며 부시 행정부 시절에도 평화체제 수립이나 평화협정 체결에 대해서도 관심이 있었던 것으로 알려져 있고 '한반도 종전선언'의 가능성을 언급할 정도로 북미관계 개선에 관심이 있었으나 북한의 핵개발 가속화와 미국의 비핵화·비확산 정책이 충돌하면서 오바마 행정부 당시까지 북미 관계는 악화일로에 있었다. 그러나 때마침 한국에서 문재인 정부가 출범하고 미국에서 새로 트럼프 정부가 들어선 이후 문재인 정부의 중재 노력으로 북미 핵협상이 재개된 것은 다행스러운 일이 아닐 수 없다. 남북관계에서처럼 북미관계에서도 가장 근본적으로 문제가 되는 부분은 상호간의 신뢰의 부재를 꼽을 수 있으므로 남북관계에서와 같이 북미 간에도 작은 부분에서 시작하여 신뢰를 쌓아나갈 수 있도록 우호적인 환경을 제공하는 것이 중요하다고 할 수 있다. 이 부분에서 한국정부의 역할이 중요할 수밖에 없다.

○ 북일관계의 개선

북미관계 개선만큼 중요하다고 할 수는 없지만 무시할 수 없는 것
이 북일관계 개선이라고 할 수 있다. 일본이 한반도 평화체제의 직접
적인 당사자는 아니지만 동북아 평화체제의 당사자라고 할 수 있고 따
라서 동북아의 평화를 위해서는 북일관계 개선이 중요한 변수라고 할
수 있다. 때마침 북한이 일본인 납치 피해자 문제에 대해서 전향적인
자세를 보이며 일본과의 관계 개선에 나섬에 따라서 북일관계는 획기
적인 개선의 가능성을 보이고 있다.

○ 한미동맹에의 부정적 효과 차단

한반도 평화정착 또는 평화체제 수립의 과정에서 국내에서 가장 우
려하는 사항 중 하나는 그것이 한미동맹에 가져올 부정적인 효과에 관
한 것이라고 할 수 있다. 특히 북한이 주한미군의 철수를 강력하게 주
장하고 있는 가운데 한반도 평화체제가 한미동맹의 균열을 가져온다
면 그것이 오히려 한반도에 안보 불안정성을 야기하는 촉매제가 될 수
있다. 따라서 한반도 평화체제 구축에 따른 한미동맹의 재조정이 불가
피한 측면이 있다고 하더라도 이것이 한미동맹의 본질을 훼손하지 않
도록 세심한 주의가 요구된다고 할 수 있다. 미국에게는 한반도 평화
체제가 미국의 대북정책 부담을 경감시킬 수 있으며, 장기적으로 동북
아 다자안보협력체의 구성과 시너지 효과를 가짐으로써 대테러전쟁
수행에도 도움이 될 수 있음을 강조할 필요가 있다.[88]

---

88) 이상현, "한반도 평화체제와 한미동맹," 『한국과 국제정치』, 제22권 1호 (2006), p. 251~252.

<워싱턴 백악관에서 악수 하는 한미 정상, 출처: 연합뉴스>

　결론적으로 한반도 평화체제의 수립으로 인하여 한미동맹에 있어서
의 다소간의 조정은 있을지라도 주한미군의 계속 주둔 등 그 본질의
훼손이 있어서는 안된다는 것이 우리 정부의 입장이며 이러한 기조는
한반도 평화정착 과정에서도 철저히 지켜져야 할 것이다. 미국 내에서
는 한미동맹에 대한 엇갈리는 시각이 존재하는 것이 사실이다. 공공외
교를 통하여 미국의 언론과 대중들에게도 한미동맹의 가치를 적극적
으로 어필해 나가는 작업도 반드시 필요하다.

6

결론

평화체제 구축을 통한 한반도 평화정착은 현 상황에서 아주 먼 미래의 일처럼 여겨질 수 있는 것이 우리가 처한 현실이다. 북한 비핵화가 돌파구를 찾지 못하고 있는 상황에서 한반도 평화체제 구축은 요원한 일로 보이는 것이 사실이기 때문이다. 그러나 장기적인 계획으로서 한반도 평화체제 구축은 우리의 통일정책에 반드시 필요한 부분이다. 이를 위한 구체적인 실행계획을 다시 한 번 살펴보면, 1) 모든 대북정책과 통일정책은 튼튼한 안보 위에서 가능하다는 원칙하에 한미동맹 강화를 비롯한 안보태세 강화, 2) 정치적 상황에 관계없이 북한 주민에 대한 인도적 지원 확대로 남북 간 신뢰 쌓기, 3) 이미 합의된 바 있는 한반도 평화정착과 평화체제 구축을 위한 한반도 평화포럼의 재논의 시작, 4) 북미관계 개선을 위해서 미국의 정책변화를 유도할 수 있는 한국의 적극적 역할 등으로 요약할 수 있다.

기존의 한반도 평화체제 논의가 지지부진했던 것은 방법론의 문제라기보다는 정치적 의도의 문제로 보는 것이 타당할 것이다. 상황과 정치적인 필요에 따라서 한반도 평화체제가 논의되고 또 파기되는 일이 반복되었다. 그 과정에서 진정성 있는 한반도 평화정착의 의지보다는 정권의 정치적인 필요성이 더 심각하게 고려되었던 것이다. 새로운 대북정책이 남북간 신뢰의 기반을 놓는 데 기여할 수 있다면 장기 프로젝트로서 한반도 평화체제가 전혀 불가능한 것만은 아닐 것이다. 다행히 문재인 정부에서 한반도에 평화를 정착시키고자 하는 노력이 진행 중에 있다. 북한의 비핵화, 한국전쟁의 종전선언, 남북 간의 경협, 미국과 북한의 관계 정상화 등 수많은 이슈들이 한반도 평화 정착이라는 맥락에서 논의가 되고 있다. 한반도 평화체제는 그것들의 종착지점이라고 할 수 있다. 다른 모든 이슈들이 해결되어야 비로소 논의될 수 있는 주제라는 것이다. 그많큼 어려운 것이지만 그것이 우리의 나아가야 할 목표지점을 제시하고 있는 것도 사실이다.

참고문헌

곽태환 외. 『한반도 평화체제의 모색』. 서울: 경남대 극동문제연구소, 1997.

김경일. "한반도 평화체제 구축의 필요조건과 충분조건." 『북한학연구』. 창간호, 2005.

김동수·안진수·전은주·이동훈. 2014. 『2013년 북한 핵 프로그램 및 능력 평가』. 서울: 통일연구, 2014.

박종철. "한반도 평화체제 구축." 『한국과 국제정치』. 제24권 1호, 1997.

박종철. "한반도 비핵화와 평화체제 전환의 단계적 접근." 온라인 시리즈. 서울: 통일연구원, 2005.

송대성. 1998. 『한반도 평화체제』. 서울: 세종연구소, 1998.

신욱희. "북미관계와 한반도 평화체제: 역사적 고찰." 『한국정치외교사논총』. 제33권 2호, 2012.

이상현. "한반도 평화체제와 한미동맹." 『한국과 국제정치』. 제22권 1호, 2006.

이수형. "한반도 평화체제와 한미동맹." 『통일과 평화』. 제1권 제2호, 2009.

정병호. "한반도 평화체제 전환과정의 안정적 관리방안." 『한반도 평화체제 와 대북정책』. 서울: 국방대학교, 2009.

조성렬. 2007. 『한반도 평화체제』. 서울: 푸른나무, 2007.

통일연구원 편. 2014. 『드레스덴 구상과 행복한 통일』. 서울: 통일연구원, 2014.

한용섭. "한반도 평화체제 구축의 조건." 『북한학연구』. 창간호, 2005.

Galtung, Johan. *Peace by Peaceful Means*. London: Sage Publications, 1996.

Joint Statement of the Democratic People's Republic of Korea and the United States of America, New York, June 11, 1993. <http://nautilus.org/wp-content/uploads/2011/12/CanKor_VTK_1993_06_11_joint_statement_dprk_usa.pdf>.

제7부

한반도 평화와 한미 관계

1

서론

한미 관계는 한미 동맹이라는 다른 말로 표현되듯이 대한민국 건국 이래 가장 굳건한 대외관계를 구축하여 왔다. 한미동맹은 1953년 10월 1일 한미상호방위조약이 체결되어 주한미군 주둔의 근거가 마련되면서 시작되었다고 할 수 있다. 한국전쟁 당시 미군이 주축이 된 유엔군이 참전했었으나 그것은 공식적으로 유엔군의 일부분으로 참여한 것이었다. 미국은 중국, 일본 등 한반도 주변의 대국들과 달리 한반도 통일에 관하여 어느 정도 중립적인 입장을 취하고 있다는 점에서, 그리고 북한으로부터의 위협에 적절히 대처하고 통일 이후에도 중국, 일본 등 주변 대국들을 견제할 필요가 있다는 점에서도 한국에게는 가장 훌륭한 동맹이라고 할 수 있다. 미국으로서도 한반도가 그들의 세계전략에서 중요한 위치를 차지하는 등 지정학적 가치를 지니고 있으므로, 한미 간의 이러한 이해관계가 맞아떨어지면서 한미 동맹이 탄생하였다고 할 수 있다. 한미 동맹은 1953년 처음 체결된 이후 지금까지 간헐적으로 불협화음을 낸 적이 없지 않으나 대체적으로 굳건한 관계를 이어오고 있다.

본 장에서는 지난 반세기 동안의 한미 관계를 역사적 관점에서 한번 되돌아보고 21세기의 한미 관계의 주요 쟁점들을 분석하고자 한다. 미국의 부시-오바마 행정부와 한국의 노무현-이명박-박근혜 정부 간의 한미동맹의 주요 이슈들을 다룰 것이다. 한반도 평화와 관련하여 한미 관계의 역사를 되짚어보고 북한의 핵과 장거리 미사일 완성으로 인하여 동북아의 안보지형이 과거와는 완전히 다른 작금의 상황에서 한반도에 지속가능한 평화를 정착시킬 수 있는 방안에 대해서 간접적으로 고민해 보고자 한다.

2

이승만 정권에서의 한미 관계

1953년 7월 한국전쟁이 휴전협정으로 끝이 나고 한반도에 총성이 멎은 직후 한국의 이승만 정권은 국내외적으로 큰 어려움에 봉착하였다. 전쟁으로 폐허가 된 국토를 재건하고 국가의 체제를 재정비하는 일은 결코 만만한 작업이 아니었다. 그 중에서 이승만 정권이 정치적으로 가장 주력한 두 가지의 목표는 첫째, 국제적으로 국가의 안보를 강화하고, 둘째, 국내적으로는 자주적인 정부를 유지·발전시키는 것이었다. 한국전쟁을 겪으면서 국가안보의 중요성과 자주적인 정부를 발전시키는 것의 중요성을 다시 한 번 깨달은 것이다. 국가안보를 강화하는 데에는 두 가지의 방법이 있을 수 있는데, 한 가지는 국가안보에 위협이 되는 요소를 제거하는 것이고, 다른 한 가지는 스스로의 국방능력을 강화시키는 것이다. 이승만 정권은 미국과의 동맹 강화를 통해서 이 목표를 달성하고자 하였다. 자주적인 정부의 발전은 미국과의 동맹으로 해결될 수 있는 문제가 아니었다. 오히려 동맹의 강화는 자주적인 정부 발전이라는 목표와 대립되는 전략이라고 할 수 있지만 이승만 정권은 국가의 안보 강화를 위해 미국과의 동맹 강화라는 전략을 선택했다.

이승만 정권은 국가 안보 강화 전략의 일환으로서, 그리고 안보 위협의 제거라는 목표를 위해서 '북진통일'을 줄기차게 주장하였다. 이승만 정권 당시에는 '평화통일'이라는 용어 자체가 금기시될 정도로 '북진통일,' 즉 무력에 의한 북한의 제거와 통일 주장이 당연시되었던 것이다. 또 이승만 정권은 한국의 국방력 강화를 위해서 미국과의 안보 협정을 체결하였다. 1953년 10월 1일에 체결된 '한미상호방위조약 (Korea-US Mutual Defense Treaty)'이 바로 그것이다. 이 조약으로써 미군의 한국 주둔의 근거가 마련되었고 한국은 자국의 국방 강화를 위해 미국의 군사력을 활용할 수 있는 여지가 생긴 것이다.

그러나 미국과의 동맹 강화는 자주적인 정부의 발전이라는 이승만 정권의 또 하나의 중요한 목표를 저해하는 결과를 낳고 말았다. 미국과 한국의 동맹은 본질적으로 '불균형 동맹(Asymmetric Alliance)'이 될 수밖에 없었고 이로 인하여 미국이 한국의 국내정치에 쉽게 개입할 수 있는 정치적 장치가 마련된 것이다. 실제로 미국 정부는 한국을 반공 전선의 교두보로 삼고 국내정치에 심심찮게 개입하였다. 선거에서 친미적인 후보를 지원하였고 심지어는 비록 실행에 옮기지는 못했지만 이승만 대통령의 제거를 시도하기도 하였다. 한반도에 막대한 군사력을 주둔시키고 있는 미국의 영향력을 결코 무시할 수 없었고 그로 인하여 한국 정부의 자주성도 그만큼 약화된 상황이었던 것이다.

제2차 세계대전 직후 미국의 동북아 전략은 한 마디로 공산주의와 소련의 봉쇄라고 할 수 있다. 냉전이 시작된 직후 미국의 세계 대전략이 된 '봉쇄정책(Containment Policy)'은 한반도를 비롯한 동북아시아에서도 여전히 유효한 전략이었다. 다만 미국은 한반도를 다루는 데 있어서 유럽 등 여타 지역보다는 다소 소극적인 전략을 채택하고 있었다. 소련과의 불필요한 마찰을 피하고 소련으로 하여금 더 이상의 남하를 허락하지 않는 선에서 대 한반도 정책을 유지하고 있었다. 미국 국무부가 설정한 동북아시아 방어 한계선, 소위 Acheson line은 한국을 포함하고 있지 않았다.[89] 미국이 한국의 국내정치에 개입하여 반공·친미 정권을 수립·발전할 수 있도록 한 것도 봉쇄정책의 일환이라고 할 수 있다.

다소 소극적이었던 미국의 대 한반도 정책이 적극적인 것으로 바뀐 것은 한국전쟁 이후이다. 미국 정부는 북한의 남침의 배후에 소련이 있다고 믿고 한반도를 사수하는 것이 소련에 대한 봉쇄의 한 방편이 될 수 있다고 생각했다. 다른 한 편으로 미국은 전 세계에 미국의 세계전략과 자유민주주의 진영 수호 의지를 보여줄 필요가 있었다. 이제 막 패권국가로 등극한 미국의 지위를 세계에 보여주고 그에 어울리는 평판을 유지할 필요가 있었던 것이다. 한국전쟁은 미국의 동아시아 전략과 한반도 전략의 전환점이 된 셈이다.

휴전협정 체결 이후 미국의 대 한반도 정책은 자유민주 진영의 보루로서 한국의 안보를 지키는 것으로 전환되었다. 물리적인 방법으로 북한을 제거하고 통일을 달성하는 것을 포기하는 대신 한국의 국방력을 강화하고 한국의 국내정치 안정화 및 친미 정권의 수립을 목표로 삼았다. 흥미로운 점은 한국의 국방력 강화를 위해서 애초에 미국이 추진했던 것은 군비 원조에 집중되어 있었으며 한미상호방위조약과 같은 국제협약은 아니었다는 사실이다. 미국은 한미상호방위조약의 체결이 자신들이 주도해서 창설한 유엔의 집단안전보장 원칙이 유명무실하다는 잘못된 인상을 전 세계에 줄 수 있다는 점을 우려했고, 적지 않은 규모의 미군이 한반도에 발이 묶이는 상황에 대해서도 전략적 관점에서 부정적으로 평가했다. 그러나 결국에는 이승만 정권의 끈질긴 요구에 한미상호방위조약은 마침내 1953년 10월 1일에 양국 정상이 서명함으로써 그 효력을 발휘하게 되었다.

---

89) 당시 미국의 국무장관이었던 Dean Acheson은 동북아시아에서 미국의 최후 방어선을 제시했는데, 이에 따르면 미국은 한국과 대만은 미국의 동북아시아 최후 방어선에 포함되어 있지 않으며, 북한의 김일성은 이를 두고 미국의 한국 방어 의지를 저평가하여 남침을 강행한다. 홍용표, "이승만 시대의 한미관계," 김계동 외, 『한미관계론』 (서울: 명인문화사, 2012), pp.61~96.

(http://www.hankookilbo.com/News/Read/201407201178800775)

<1954년 7월 미 국회에서 연설하는 이승만의 모습.
뒤는 당시 미 국회 상원의장 리처드 닉슨(왼쪽) 부통령과
조셉 마틴(오른쪽) 하원의장. 출처: 건국대통령 이승만박사 기념사업회>

대한민국의 초대 대통령이었던 이승만은 대표적인 친미·반공 인사
라는 점에서 사실상 미국이 가장 선호하는 인물이었다. 미국의 지원을

등에 업고 대통령에 당선된 이승만은 미국의 바람대로 친미·반공을 표방하였고 동아시아에서의 미국의 전략적 교두보 역할을 충실히 수행하였다. 한국의 안보를 강화하기 위해서 미국과 한미상호방위조약을 체결하였고 국내적으로는 친미 정부를 수립하였다. 이승만 정권이 추진했던 '북진통일'은 미국의 전략과 일치하지는 않았지만 친미·반공을 표방했던 정책기조 때문에 미국은 이승만 정권을 지지하지 않을 수 없었다. 미국은 한국과 한미상호방위조약을 체결하고 군비지원을 통하여 한국군을 현대화시키는 데 큰 역할을 하였다. 이승만 정권은 이에 대한 보상으로 한국군의 작전통제권을 미군에 이양했다. 이러한 일련의 조치들은 미국과 이승만 정권이 반공이라는 공감대가 있었기 때문에 가능했다고 볼 수 있다. 그러나, 이승만의 '북진통일' 정책이 미국의 현상유지 정책과 대치대면서 미국 정부는 작전명 '에버레디(Everready)'에서 이승만의 제거를 고려하기도 했었다는 점이 미국 정부의 기밀문서가 해제되면서 알려졌다. 미국은 반공주의자 이승만의 전략적 가치를 고려하여 이승만 제거 작전을 실행에 옮기지는 않았으며, 그 대신 4.19혁명으로 이승만 정권이 무너지자 장면 정권을 지지하는 쪽으로 정책을 전환했다.

결론적으로 이승만 정권 당시 한미관계는 협력과 갈등이 혼재하고 있었다고 할 수 있다. 대체적으로 미국과 이승만 정권은 반공이라는 공감대 위에서 안보협력 관계를 유지하였으나 이승만의 '북진통일' 주장은 미국에게는 부담이 되었고 그로 인한 갈등이 적지 않았다. 미국은 한국에 친미 정부를 유지하기 위하여 수시로 국내정치에 개입하였고, 결과적으로 한국의 정치적 자율성은 크게 훼손되었다. 미국과의 관계에서 한국은 국방과 정치적 자율성의 상쇄효과를 경험했다고 볼 수 있다.

3
군사정권 하에서의 한미관계

이승만 정권이 무너지고 짧은 민주주의를 경험한 후 한국은 장기간의 군사독재 시기를 맞이했다. 군사쿠데타로 집권한 박정희, 전두환 정권과 역시 군인 출신인 노태우 정권으로 이어진 33년간의 군사정권 기간이 한국의 민주주의를 지연시켰다. 이 기간 동안의 한미관계에 대해서는 엇갈리는 평가가 존재한다. 일각에서는 미국의 국내정치 개입

(http://www.pressian.com/news/article.html?no=137999#09T0)

<카터 대통령 방한 당시 박정희와 카터, 출처: 연합뉴스>

으로 인하여 한국의 민주화가 그만큼 지연되었다는 평가가 있는 반면
에 다른 한편에서는 미국의 존재가 한국의 민주화를 촉진시켰다는 평
가도 존재한다.

1961년 군사쿠데타로 집권한 박정희 정권은 빠르게 정국을 장악하
고 국내정치를 안정화시켰다. 경제발전에 대한 비전을 제시하면서 국
민들의 지지도 얻었다. 아이러니하게도 5.16 군사쿠데타 직후의 한미
관계는 비교적 순탄했다. 미국은 박정희의 군사쿠데타를 묵인하였고
한국의 국내정치가 빨리 안정되기만을 바라고 있었다. 무엇보다도 박
정희의 대안이 될 수 있는 세력을 찾을 수 없었고 권력의 공백상태는
한국의 정국을 더욱 불안하게 만들 것이라는 판단이 작용했다. 미국은
한국의 국내정치 안정을 최우선시 하였고, 그 목적에 박정희가 가장 적
합한 인물이라는 결론을 내렸던 것으로 보인다. 미국은 겉으로는 한국
정치에 중립을 취하는 듯한 모습을 보였지만 실제로는 박정희 정권이
국내 정국을 안정화시킬 수 있기를 바라는 이중적인 모습을 보였다.

제3공화국 기간(1963-1972) 동안 박정희 정권과 미국은 비교적 원
만한 관계를 유지하였다. 미국의 요구로 박정희 정권은 일본과 외교관
계를 정상화했고 월남전에 한국군을 파견하여 미국을 도왔다. 박정희
정권으로서는 북한으로부터의 위협이 상존하고 있는 상황에서 미국과
미군의 도움은 절대적으로 필요한 상황이었다. 한 마디로 한미 양국이
서로를 필요로 함에 따라 박정희 정권 전반기의 한미관계는 별 탈 없
이 협력적 관계가 이루어졌다고 할 수 있다.

그러나 1972년 소위 유신헌법이 개정되고 박정희가 장기집권의 의
도를 드러내자 한미관계의 불협화음이 표면화되기 시작했다. 마침 미
국과 소련, 미국과 중국 간의 데탕트 분위기가 무르익고 남북관계가
개선되고 있었다. 박정희 정권은 유신개헌을 통하여 장기집권의 토대

를 마련하고 핵무기를 비롯한 국방력 강화에 이전보다 훨씬 더 많은 노력을 기울였다. 미국의 연방의회 의원들을 상대로 로비도 마다하지 않았다. 미국은 표면적으로는 유신개헌에 명확한 반대는 하지 않았지만 김대중 같은 야당 지도자들을 물밑에서 지원하는 방법으로 박정희 정권을 견제했다. 미국의 대통령이 인권을 중시하는 카터로 바뀌면서 박정희 정권과의 갈등은 더욱 노골화되었다. 박정희 정권의 독재와 인권침해를 못마땅하게 여겼던 카터 행정부는 주한미군 철수를 무기로 박정희 정권을 압박했고 박정희 대통령은 핵무기 개발 의사를 내비치면서 갈등이 더욱 깊어졌으나 1979년 10월 박정희 대통령이 부하의 총탄에 쓰러지고 정권이 붕괴되면서 한미관계는 또 다시 불확실성의 시대를 맞게 되었다.

이승만 정권과 마찬가지로 박정희 정권 기간에도 미국은 자국의 이익에 대한 판단에 따라 한국의 국내 정치에 선택적으로 개입하는 경향을 보였다. 박정희의 군사쿠데타를 묵인하면서도 정권의 민간 이양을 압박했고, 한국의 인권상황에 대해서 불만을 갖고 있으면서도 정책적 수단이 마땅치 않아 두고볼 수밖에 없는 상황에 있었다고 볼 수 있다. 이런 상황 때문에 박정희 대통령의 암살 배후에 미국이 있다는 음모설이 아직도 사라지지 않고 있는 것이다.

박정희의 뒤를 이은 두 번째 군사정권도 역시 군사쿠데타를 통해 탄생한 전두환 정권이다. 전두환은 박정희가 암살된 후 권력의 공백기인 1980년 12월에 군사쿠데타를 통해 정국을 장악했다. 당시 미국은 한국의 국내정치 안정을 최우선의 정책목표로 삼고 있었고 전두환이 이미 정국을 장악했다는 판단 하에 전두환 정권을 암묵적으로 인정하는 쪽으로 이미 방향을 정했다.

(http://www.pressian.com/news/article.html?no=151613)

<전두환과 레이건, 출처: 국가기록원>

　전두환 정권과 미국과의 관계에서 빼놓을 수 없는 부분은 광주민주
화 항쟁에서의 미국의 역할이다. 광주 항쟁 당시 정권은 전두환의 손
아귀에 있었고 군을 통제할 수 있는 작전통제권은 미국이 보유하고 있
었다. 미국은 한국의 정국안정을 최우선시하였고 한국의 민주화의 가
능성은 상대적으로 낮게 보고 있었다. 이러한 여러 정황들이 결합되어
광주 항쟁 진압 당시 미국의 역할에 대한 여러 추측들이 아직도 가라
앉지 않고 있는 것이다.

　한국의 민주주의보다는 한반도의 안정을 우선시한 미국은 전두환
정권을 인정하고, 그와 동시에 반대 정치세력을 지원하는 방법으로 전
두환 정권을 견제했다고 할 수 있다. 다시 말하면, 당시 미국 행정부는
정치적으로 전두환 정권에 대해서 조건부 지지를 보냈고 이런 상황이
부분적으로 1987년의 한국의 민주화의 전제 조건이 되었다고 볼 수

있다. 다만, 이 시기 한국과 미국의 경제협력 관계는 더욱 심화되어 한국의 경제는 고도성장을 구가할 수 있었다.

1987년은 한국 정치사에서 기념비적인 해였다. 시민의 힘으로 민주화를 이룬 해로 기억되기 때문이다. 시민들의 민주화 요구가 폭발하고 당시 여당 대통령 후보였던 노태우가 시민들의 요구를 받아들여 일련의 민주화 조치들을 담은 6.29 선언을 발표하면서 한국은 비로소 민주화(democratization)를 경험하였다. 1987년의 미국은 이전 1960년과 1980년과 달리 한국의 민주화를 지원하였다. 미국은 전두환 정권으로 하여금 거리에 나온 시민들을 향해 군대를 동원하는 등의 물리력을 행사하지 않도록 압력을 넣고 반대파를 향해서도 대통령 선거를 비롯한 일련의 정치과정에 참여하도록 압력을 행사했다. 많은 우여곡절 끝에

(http://www.610.or.kr/610/about)

<1987년 당시 민주항쟁의 모습, 출처: 6월항쟁 공식 홈페이지>

치러진 대통령 선거를 모니터한 것도 미국의 역할 중 하나였다.[90]

1987년 12월 치러진 대통령 선거 결과 여당의 노태우 후보가 당선되었다. 노태우 후보는 비록 민간인 신분이었으나 군인 출신이라는 점 때문에 군사정권으로 간주되었고 실제로 보좌진과 내각의 주요 인사를 군 출신으로 채웠다. 1987년 민주화로 인하여 민주적인 절차에 의한 선거가 치러졌음에도 불구하고 한국에는 여전히 군사정권이 권력을 차지하는 모순이 현실이 되어 있었던 것이다.

(http://chinafocus.tistory.com/900)

<1992년 9월 노태우 대통령이 한국 국가 원수로는 처음으로 중국을 공식 방문, 양상쿤 중국 국가 주석과 정상회담을 진행했다. 출처: 국가기록원>

---

90) 1987년 한국의 민주화의 동인에 관해서는 여러 가지 설명들이 있지만 또 하나의 중요한 설명은 안보와 민주주의의 상호관계에 관한 설명이다. 즉, 안보 우려가 민주화를 저해한다는 주장이다. 자세한 설명은 필자의 "The Struggle between Security and Democracy: an Alternative Explanation of the Democratization of South Korea," *Pacific Focus*, Vol.25, No.1 (2010)을 참조할 것.

노태우 정권은 북방외교와 남북관계 개선을 위하여 노력했다. 마침 소련이 붕괴되고 냉전이 끝나는 세계사적 변화의 시점에 있었기 때문에 노태우 정권의 이런 정책 방향은 시의적절했다고 평가할 수 있다. 중국과 국교를 맺고 북한과의 불가침 조약에 준하는 협약을 맺기도 하였다. 1990년 9월에 시작하여 1992년 2월까지 15개월간의 노력 끝에 서명된 소위 '남북기본합의서'라는 문건은 이후 남북관계의 개선의 기초를 다진 성과로 인정된다. 남북기본합의서는 7.4 남북공동성명과 같이 남북관계 개선을 위한 포괄적인 원칙을 담고 있는데, 크게 제1장은 남북화해에 관한 원칙, 제2장은 남북 불가침에 관한 원칙, 그리고 제3장은 남북교류에 관한 원칙 등을 담고 있다. 남북기본합의서는 포괄적인 원칙만을 담고 있고 구체적인 실행계획은 후속회담에서 논의하는 것으로 합의했는데, 그 이후 북핵 문제가 불거지면서 더 이상의 진전을 이루지 못한 점은 아쉬움으로 남아 있다.

노태우 정부는 남북관계 개선뿐만 아니라 북방외교에서도 상당한 성과를 올리며 한반도 평화에 적잖은 기여를 했다. 1992년 중국과 수교를 맺음으로써 안보위협 감소와 경제교류 확대의 두 가지 효과를 거두었고 남과 북이 동시에 유엔에 가입함으로써 남북관계를 국제관계의 차원으로 정상화한 점도 한반도 정세 안정화에 기여하였다고 할 수 있다. 또 당시까지 한국에 배치되어 있던 미국의 전술핵을 모두 철수시킴으로써 핵 없는 한반도를 만드는데 일조한 점도 높이 평가될 수 있다.

박정희, 전두환, 노태우 정권을 거치는 군사정권 기간 동안 미국의 대한 정책은 한국의 정세안정과 민주화 사이에서 미국의 국가 이익과 시기에 따라, 사안별로 다르게 추진되었다. 때로는 국내 정세 안정에 더 무게를 두기도 하고, 또 때로는 한국의 민주화를 노골적으로 지지하기도 하였다. 일단 목표가 정해지면 때로는 드러내놓고, 또 때로는 비밀스럽게 정책을 추진하였다. 정책의 목표와 수단의 결정에 있어서 미국의 국익에 대한 고려가 가장 우선하였음은 물론이다.

4

진보 정권 하에서의 한미관계

군사정권이 수명을 다하고 한국에 진보 자유 정권이 들어서면서 한미관계도 큰 변화를 맞게 되었다. 1997년에 대통령에 당선된 김대중과 2002년 대선에서 승리한 노무현은 한국의 민주주의 역사에서 빼놓을 수 없는 인물들이라고 할 수 있으며 그들의 재임기간 10년 동안에는 한미관계에도 큰 변화가 있었다. 때마침 국제환경도 구조적인 변화를 맞게 되는데, 이미 소련의 붕괴로 냉전이 종식된 상황에서 미-소 관계와 미-중 관계에서 큰 변화를 보이기 시작하는 시기였다.

김대중 정부 기간 동안 이전 정부와 비교해서 가장 눈에 띄는 변화는 남북관계에서 일어났다. 노태우 정부 시기에 남북기본합의서가 서명되었다고는 하지만 북핵문제가 불거지면서 김영삼 정부 시기에는 제대로 된 남북대화조차 이루어지지 않았다. 1998년에 새로 들어선 김대중 정부는 남북관계를 획기적으로 변화시키기를 원했다. 흔히 '햇빛정책(Sunshine Policy)'이라고 불리는 대북 유화정책은 북한을 고립에서 벗어나게 하고 세계 공동체에 편입시켜 정상국가로 변화시킴으로써 한반도에 평화와 안정을 구축한다는 의도를 담고 있었다. 다시 말하면, 남북 간에 대화를 통해 신뢰를 쌓고 교류협력을 강화해 나감으로써 북한을 점진적으로 변화시켜 한반도에 평화의 새 시대를 연다는 취지였다. 그 과정에서 남한은 북한에 대해 여러 가지 형태의 경제

(http://www.hani.co.kr/arti/english_edition/e_northkorea/832441.html)

<2000년 6월 13일 역사적인 평양 남북정상회담에 앞서 평양 순안공항에서
김대중 대통령이 북한의 김정일 국방위원장과 악수하고 있다, 출처: 한겨레>

적인 원조를 제공하였다. 김대중 정부의 '햇빛정책'은 2000년 6월 남북
정상회담에 이은 '6.15 남북 공동 선언'으로 그 결실을 맺을 수 있었다.

김대중 정부에서 남북관계에 획기적인 변화가 일어날 수 있었던 것
은 기본적으로 김대중 정부의 북한에 대한 인식이 이전 정부와는 달랐
기 때문이었다. 이전 정부까지는 북한을 적으로 인식하는 면이 강했다
면 김대중 정부의 대북정책에서는 북한을 우리 민족의 일부로 인식하
고 우리 민족의 문제를 우리 민족 내부에서 해결하고자 하는 자주적인
의지가 반영되었다고 할 수 있다. 그러나 북한에 제공한 경제원조에
대해서는 정부와 일반 국민들 사이에 인식의 차이가 작지 않았고 그로
인하여 한반도에 평화를 정착시키고자 한 정부의 노력과 성과와는 별
도로 '햇빛정책'에 대해서는 평가가 엇갈리고 있다.

김영삼 정부 시기에 불거진 제1차 북핵 위기를 제네바 합의로 해결한 클린턴 행정부는 김대중 정부 시기에도 대북 유화정책을 유지하였다. 대북 유화정책은 클린턴 행정부의 세계전략 기조였던 '관여(engagement)와 확장(enlargement)'의 기조에서 벗어나지 않았고 김대중 정부의 '햇빛정책'과도 일맥상통했다는 점에서 김대중-클린턴 시기의 한미 관계는 별 어려움 없이 협력적 관계가 유지될 수 있었다. 그러나 문제는 클린턴 행정부가 부시 행정부로 바뀌면서 드러났다. 2001년 미국이 이슬람 테러집단의 공격에 노출되고 그에 대한 일련의 대응조치의 하나로서 북한을 '악의 축'의 하나로 지목하면서 북미 관계가 급속하게 악화된 것이다. 때마침 북한의 또 다른 핵프로그램이 미국의 정보 당국에 의해서 발각되면서 제2차 북핵 위기가 불거진 사건이 북미 관계를 더욱 어렵게 만들었다.

제2차 북핵 위기가 발발하고 미국의 부시 행정부가 대북 적대 정책을 고수했음에도 불구하고 김대중 정부 다음에 들어선 노무현 정부는 김대중 정부의 대북 유화정책인 '햇빛정책'을 계승할 것을 천명하였다. 김대중 정부에서와 마찬가지로 대북 교류협력을 강화하고 한반도에 지속가능한 평화를 정착시키기 위한 노력을 경주해 나갔다. 2007년에는 제2차 노무현-김정일 간의 남북정상회담을 성사시켜 '10.4 남북정상선언'이라는 성과를 내기도 했다.

<2007년 10.4 남북정상선언에서 노무현 대통령과 김정일 위원장이
악수하고 있다, 출처: 한겨레>

　문제는 노무현 정부 시기에 제2차 북핵위기가 발발하였고 북핵 문
제에 대한 접근법에 있어서 한미 간에 차이를 보이면서 한미 관계도
매끄럽게 이루어지지 못했다는 점이다. 노무현 정부는 김대중 정부와
마찬가지로 북한을 우리 민족의 일부로서 교류협력의 파트너로 인식
하고 있는 반면에 미국의 부시 행정부는 북한을 '악의 축(Axis of Evil)'
의 한 부분이면서, 동시에 신뢰할 수 없는 행위자로 인식하고 있었던
것이다. 전략적 우선 순위에 있어서도, 노무현 정부는 한반도의 평화
와 안정을 최우선으로 추구한 반면에, 부시 행정부는 북한의 비핵화와
비확산을 우선적으로 추진하는 듯한 모습을 보이면서 북핵문제 해결
에 있어서 양국 간에 시각 차이를 보였다. 북핵 문제 해결을 둘러싼
양국 간의 시각 차이가 한편으로는 한국 내의 반미정서를 야기하는 것

으로 비쳐지면서 양국 간의 외교문제가 되기도 하였다. 실제로 노무현 정부는 한미 동맹과 한중 전략적 동반자 관계 사이에 균형을 찾으려는 노력을 노골적으로 드러내는 등 부시 행정부의 미국과 거리를 두려는 듯한 모습도 자주 보였다.

요약하면, 김대중 노무현 정부 시기 10년의 기간 동안 한미관계는 북핵 문제라는 큰 변수에 의해서 크게 영향을 받았다. 북핵 문제를 보는 시각이 어느 정도 일치할 때는 한미관계가 원만한 협력적 관계를 유지할 수 있었으나 북핵문제를 보는 시각 차가 큰 경우에는 한미관계에 불협화음이 적지 않았다. 특히, 진보적인 김대중 노무현 정부에 비하여 다소 보수적인 부시 행정부가 집권하던 시기에는 이런 경향이 두드러졌다.

5

이명박·박근혜 정부 시기의 한미 관계

김대중, 노무현 정부를 거치면서 개선되었던 남북관계는 이명박 정부 들어서서 급속도로 악화되었다. 금강산 관광에 나섰던 한국 관광객이 북한 병사가 쏜 총에 맞아 숨지는 사건이 발단이 되어 금강산 관광이 중단된 것이 그 시발이었다. 이어서 2010년 천안함 폭침 사건과 연평도 포격 사건이 연달아 터지면서 남북 관계는 이전 10년 동안 쌓아올렸던 신뢰와 교류협력이 물거품이 되면서 김대중 정권 이전으로 후퇴

(http://news.chosun.com/site/data/html_dir/2015/03/24/2015032403000.html)

<2010년 4월14일 인양된 천안함 함수가 바지선에 실려
평택 해군2함대로 옮겨지고 있다. 출처: 조선일보>

하고 말았다. 이명박 정부는 북한에 대해서 '비핵·개방·3000'이라는 전략을 내세워 북핵 문제를 해결하려고 하였으나 성과를 얻지 못하였고 오히려 이 기간 동안 오히려 북핵 고도화라는 역효과만을 가져왔다.

이 기간 이명박 정부는 한미 동맹의 강화에 더 역점을 두었다. 노무현 정부 기간을 거치면서 한미 동맹이 악화되었다는 판단 아래 한미 동맹의 복원에 심혈을 기울여 이 기간 동안 미국과 열 차례가 넘는 정상회담을 가졌다. 마침 오바마 행정부의 대북 정책 기조인 '전략적 인내'와 이명박 정부의 대북 '상호주의' 원칙은 일맥상통하는 면이 있어서 대북정책에 있어서 한미공조는 큰 어려움이 없었다.

그러나 여전히 한미 간에 해결해야 할 과제는 적지 않았다. 우선 북핵 위협이 계속되고 북한의 핵기술은 날이 갈수록 고도화되어 가는 상황에서 북핵 위협에 대한 억지 수단을 개발하는 것이 가장 중요한 과제로 떠올랐다. 이를 위하여 확장억제정책위원회(Extended Deterrence Policy Committee)에서는 북한의 위협에 대한 정보 공유의 필요성 등에 대해서 공감하고 한·미 양국이 한국형 미사일 방어 시스템 및 미국의 지역 미사일 방어 시스템 강화에 합의하는 등 실질적인 조치에 나섰다. 한미 동맹의 또 하나의 과제는 전시작전권이 이전에 관한 것이었다. 2015년으로 예정되었던 전시작전권 이전은 또 다시 연기되었지만 이전 이후의 지휘 구조에 대한 합의가 여전히 불확실하고 북핵 위협이 아직 사라지지 않은 시점에서 한국군으로의 완전한 전시작전권 이전이 바람직한가의 논쟁 또한 여전했다. 그리고 한미동맹과 한중 전략적 동반자 관계를 조화시키는 것은 노무현 정부 때부터 중요한 과제로 떠올랐지만 여전히 해답을 찾지 못하고 있었다. 한미 동맹이 한국의 대외 관계의 가장 중요한 축이라는 사실은 두 말할 필요도 없지만 중국과의 전략적 관계도 얼마 전부터 그에 못지 않게 중요하게 되

었다. 정치군사적으로는 미국과의 관계, 경제적으로는 중국과의 관계
가 우선시되는 상황에서 어떻게 양국과의 관계를 조화시킬 것인가가
관건이었다. 그런데 이 문제는 비단 이명박 정부에만 관련된 문제라기
보다는 그 이후의 정권들에게도 공통적으로 부담이 되는 문제라고 해
야 할 것이다. 오히려 2000년대 초반 노무현 정부 시기에 중국의 부상
이 현실화되고 중국이 미국의 패권에 도전하는 듯한 모습을 보이면서
이미 예견된 상황이라고 할 수 있다. 이명박 정부에서도 뚜렷한 답을
내놓지 못했고 현재와 미래의 한국정부에게도 상당히 부담스러운 과
제임에 틀림없다.

　박근혜 정부 시기의 한미관계는 이명박 정부 시기의 그것과 별로
다르지 않았다. 박근혜 정부 시기를 거치는 동안 북한은 그들의 핵과
장거리 미사일 능력을 더욱 고도화했고 그들이 핵국가임을 헌법에 명
시하여 핵보유국임을 국제적으로 인정받고자 했다. 미국의 오바마 행
정부는 북한의 핵과 미사일 능력의 고도화 과정 중에도 '전략적 인내'
를 고수하며 북한에 대해서 어떠한 적극적인 정책도 내놓지 않았다.
한미 관계는 큰 불협화음이 없었지만 그것은 미국이 북한 핵문제에 대
해서 해답을 찾지 못하고 오히려 박근혜 정부에게 그 문제의 처리를
미루었기 때문일 가능성이 크다.

6
결론

　미국은 한국전쟁 이래로 한국의 가장 강력한 동맹이다. 한국과 미국은 한국전쟁 휴전 직후 1953년 10월에 서명한 한미상호방위조약에 근거하여 서로의 안보를 지원할 의무가 있다. 주한미군도 이 조약에 근거하여 주둔하고 있다. 북한과 적대적으로 대치하고 있는 한국은 자국의 안보를 미국의 방위력에 상당 부분 의존해온 것이 사실이며, 미국과 주한미군의 존재는 한반도에 제2의 한국전쟁이 발발하는 것을 막는데 기여를 한 부분도 인정해야 할 것이다. 반대로 미국은 한국을 동북아시아의 전략적 교두보로 삼고 그들의 세계전략의 중요한 자산으로 활용해 왔다. 냉전 시대에는 공산주의 확산을 봉쇄하기 위한 전진기지로 한국이 중요한 가치를 지녔고 21세기에는 중국의 부상을 견제하기 위한 목적으로 한국을 활용하고 있다. 따라서 한미 동맹은 어느 한쪽이 일방적으로 이익을 보는 제로섬 구조가 아니라 양국 모두에게 중요한 전략적 가치를 지니는 상호 동맹이라고 할 수 있다.

　그러나 다른 한편으로 한미 동맹은 양국의 국력의 차이로 인하여 비대칭 동맹일 수밖에 없다. 그리고 비대칭 동맹은 한 쪽이 다른 한쪽에 더 큰 영향력을 행사한다. 한미 동맹도 이런 경향에서 벗어나지 않아서 미국이 한국에게 더 큰 영향력을 행사해 왔다. 군사 정권 시절에는 한국의 국내정치에 개입하는 일도 적지 않았다. 미국은 한반도의 정세 안정과 한국의 민주화 사이에서 시기에 따라서, 그리고 사안마다 다른 결정을 내렸다. 그 결정들의 바탕에는 미국의 국익에 대한 고려가 깔려 있었음은 물론이다.

21세기의 한미 동맹은 1953년의 한미 동맹과는 질적으로 달라질 수밖에 없다. 한국은 이제 세계 최빈국이 아니라 대표적인 중견국으로 성장했고 그만큼 동북아시아에서 중요한 전략적 위치를 차지하고 있다. 한국의 위상이 달라지는 만큼 한미 관계도 과거와 같을 수 없으며, 따라서 앞으로의 한미관계는 새로운 이슈와 과제들을 다루어야 한다. 미국으로서는 중국의 부상과 도전이 현실화되고 있는 지금, 동북아시아에서의 전략을 어떻게 세워야 할 것인가, 그리고 그 전략 속에서 한국과 어떻게 협력해야 할 것인가를 고민해야 할 시점이다. 또한 25년이 넘도록 아직도 해결하지 못하고 있는 북한의 핵과 장거리 미사일 문제를 어떻게 해결할 것인가, 그리고 그 과정에서 한국과 어떻게 협력할 것인가의 문제 역시 해결해야 할 중요한 문제로 남아 있다. 한국으로서도 달라진 위상만큼 새로운 한미관계의 발전이라는 과제를 안고 있다. 무엇보다도 북핵 문제를 해결하고 한반도에 지속가능한 평화를 정착시켜야 한다는 절체절명의 과제가 있다. 남북관계를 과거와 같은 적대적인 관계가 아니라 서로의 존재를 인정하고 포용하는 정책으로 발전시켜 나가는 것이 한반도에 진정한 평화를 정착시키는 방법일 것이다. 그러기 위해서는 북핵 문제 해결이 선행되어야 하는 것은 두말 할 나위 없으며, 그 과정에서 미국의 역할이 절대적으로 중요하다. 북핵 문제는 남북관계의 문제인 만큼 북미관계의 문제이기도 하기 때문이다. 또한 변화하는 세계질서 속에서, 특히 중국의 성장이 미국의 패권을 위협하는 정도에까지 이른 지금, 한국은 한미 동맹과 대 중국 전략적 동반자 관계 사이에서 어떤 전략을 취할 것인가의 문제 역시 해결해야 할 과제라고 할 수 있다.

참고문헌

홍용표. "이승만 시대의 한미관계." 김계동 외, 『한미관계론』. 서울: 명인문화사, 2012.

Kim, Dongsoo. The Struggle between Security and Democracy, *Pacific Focus*, Vol.25, No.1 (2010).

제8부

문재인 트럼프 시대의
한반도 평화: 도전과 과제

1

서론

    2016년 미국 대선에서 트럼프 후보가 미국의 45대 대통령으로 당선된 것은 많은 사람들의 기대와 예측을 빗나간 일대 사건이었다. 대통령 선거운동 기간에 그리고 그 이전부터 트럼프가 보여주었던 특이한 언행 때문에 트럼프는 당선 가능성이 있는 후보로 여겨지지 않았고 힐러리 클린턴이 미국이 다음 대통령이 되는 것은 기정사실로 받아들여졌으나 선거결과는 대다수의 예측을 빗나가고 트럼프의 승리로 끝났다. 트럼프가 미국의 대통령으로 취임한 후 약 2년이 경과한 시점에서 평가하자면 사안에 따라서는 우려가 현실이 되어가기도 하고 한편에서는 우려가 과했다는 반성이 있기도 하다. 하지만 외교정책에 있어서는 트럼프 행정부는 이전의 대통령들이 보여주었던 미국의 전통적인 원칙과 방향과는 다소 다르다는 데는 이의가 없다.

    미국에서 트럼프 대통령의 등장이 충격적인 사건이었다면 한국에서는 박근혜 대통령의 탄핵이 더 큰 충격을 주었다. 6개월 여동안의 혼란 끝에 2017년 5월 문재인 정부가 들어서고 국정은 안정을 찾았다. 국내정치적으로는 안정을 찾았지만 계속되는 북핵 문제는 여전히 한반도 평화 정착에 걸림돌로 남아 있다. 문재인 정부가 북미 간 협상의 가교 역할을 자처하고 최선의 노력을 다하고 있으나 아직까지 해결의 실마리는 보이지 않고 있다.

이처럼 어려운 대외적 여건 속에서 미국과의 관계 또한 쉽지 않은 상황에 놓여 있다. 미국의 보수 정권과 한국의 진보 정권 간의 정치적 입장 차이뿐만 아니라 미국과 한국의 국익의 차이, 그리고 양국 지도자의 리더쉽 스타일의 차이 등으로 인하여 자칫 한미동맹이 약화되지는 않을까 우려의 목소리가 높은 것도 사실이다. 본 장에서는 트럼프와 문재인이라는 새로운 리더쉽이 등장한 현 시점에서 한미 동맹의 도전과 과제를 짚어보고 북핵 문제를 해결하고 한반도에 지속가능한 평화를 정착시키기 위한 바람직한 한미 관계에 대해서 생각해 보고자 한다.

2

문재인과 트럼프: 새로운 리더쉽의 등장

트럼프의 등장은 새로운 시대의 도래를 예고한다는 평가도 있다.[91] 다소 과장된 느낌이 없지 않지만 그만큼 트럼프의 미국 대통령 당선이 세계사적으로 큰 의미가 있다는 뜻일 것이다. 영국의 EU 탈퇴 결정, 프랑스 대선에서의 극우 정당 후보의 선전, 일대일로(一帶一路)로 대표되는 중국의 중화민족주의 야망, 일본의 '평화헌법' 개정 움직임 등 일련의 민족주의 혹은 국가주의 강화 움직임 속에서 트럼프의 당선은 미국도 예외가 될 수 없다는 점을 전 세계인들에게 확인시켜 주었던 사건이다. 그렇다면 트럼프는 미국의 이전 대통령들과는 확연히 구별될 정도로 다른가? 다르다면 어떤 면에서 다른가?

제2차 세계대전 이후 미국의 세계전략은 '자유주의적 패권(liberal hegemony)'로 요약될 수 있다.[92] 그것은 곧 미국은 전 세계에 자유주의적 질서를 구축하고 그것의 중심에 미국이 있어야 한다는 전략이라고 할 수 있다. 그 목표를 위해서 미국은 다양한 수단을 동원할 수 있는데 예를 들면, 안보와 경제 관련 다자 기구를 구성한다든지, 자유민

---

91) Andrew J. Bacevich, "The Age of Great Expections and the Great Void: History after 'the End of History'. <http://americanempireproject.com/blog/the-age-of-great-expectations-and-the-great-void/>.

92) Barry R. Posen, *Restraint: A New Foundation for U.S. Grand Strategy* (Ithaca: Cornell University Press, 2014).

주주의와 자유무역을 전 세계에 확산시킨다든지 하는 것들이 포함되어 있다. 방법론에 있어서 어느 정도 차이는 있을지라도 제2차 세계대전 이후의 미국의 대통령들은 이러한 전략에서 크게 벗어나지 않았다.

냉전 이후의 시기로 한정하여 본다면, 90년대의 클린턴은 '관여와 확장(engagement and enlargement)'이라는 이름의 정책으로 구 공산권 국가들을 자유주의적 세계질서에 편입시키고 자유민주주의의 확장을 적극적으로 도모한 결과 미국이 선호하는 세계질서의 공고화에 성공하였다. 특히, 클린턴은 나토, 미일동맹, 한미동맹과 같은 동맹체제를 강화하고 다자주의적 방식을 선호함으로써 전 세계에 미국의 리더쉽을 효과적으로 확산시키고자 노력하였다. G.W.부시 대통령은 보수적인 공화당의 정치적 노선과 대통령 본인의 성격이 결합되어 클린턴보다는 다소 강압적이고 일방주의적인(unilateral) 방법을 추구하였다. 여기에 9/11 테러가 부시 대통령으로 하여금 더욱더 일방주의적 노선을 추구하도록 하는 결정적인 계기가 되었다. 그렇지만 부시 대통령 역시 그 방식에 있어서 힘에 대한 의존, 일방주의적 노선 등이 일부 국가들에서 반발을 사기도 하였으나 넓게 보았을 때 '자유주의적 패권'의 지향을 벗어나지 않았다고 할 수 있다. 부시 독트린이 '일방주의적 확장과 개입'으로 규정된다면, 그 다음에 등장한 오바마의 외교정책 스타일은 '실용적 국제주의(Pragmatic Internationalism)'로 부를 만하다.[93] 오바마는 이전 정부들에서의 과도한 개입이 오히려 미국에 이익보다는 부담으로 작용했다고 지적하고 좀 더 신중하고 선택적이며 실용적인 외교정책을 추구하였다. 하지만 오바마 역시 미국 외교정책의 전통적인 노선인 '자유주의적 패권'의 지향은 견지하고 있었다고 보는 것이

---

93) John G. Ikenberry, "Obama's Pragmatic Internationalism," *The American Interest*, vol.9, No.5 (2014).

타당할 것이다.

트럼프 대통령이 미국의 이전의 대통령들과 다르다고 하는 점은 그가 위에서 설명한 미국의 전통적인 외교정책 노선이라고 할 수 있는 '자유주의적 패권' 원칙에서 벗어나는 모습을 자주 보여 왔기 때문이다. 대표적인 것이 동맹체제와 다자기구의 부정이다. 트럼프는 나토를 구시대의 유물쯤으로 취급하고 유엔 또한 미국의 국익을 보호하는데 도움이 되지 않는 유명무실한 기구에 불과하다고 평가하는 등 국제 안보기구의 가치를 폄하하고 있다. 이런 반다자주의 경향(anti-multilateralism)은 국제 경제기구에서 보다 확연하게 드러나는데 트럼프 대통령은 이미 미국이 TPP(Trans-Pacific Partnership)에서 탈퇴할 것을 선언했고 북미자유무역협정(North America Free Trade Agreement, NAFTA) 또한 탈퇴를 위협하며 협정 개정 협상을 하고 있다. 이런 반다자주의 경향은 트럼프 대통령이 일찍이 선거기간부터 강조해온 '미국우선주의(America First)'에서 기인한다고 할 수 있다.[94]

'미국우선주의'와 결합되어 트럼프 행정부의 특징적인 외교정책 노선으로 거론되는 것이 '고립주의(isolationism)'이다. 트럼프 자신은 고립주의자가 아니며 오히려 'Fair Trade(공정한 무역)'를 지지한다고 강변하지만 반이민정책, 자유무역협정 재개정, 다자주의국제기구 탈퇴 등 그의 주요 정책들의 면면들을 들여다보면 확연하게 고립주의적 성향이 드러난다는 것을 볼 수 있다. 트럼프 이전의 미국의 대통령들이 정도의 차이는 있을지라도 대체적으로 '국제주의' 혹은 '개입주의'를 표방하였다는 것을 고려하면 트럼프는 이전의 대통령들과는 구별된다고 할 수 있다.

---

94) The White House, "America First Foreign Policy."
   <https://www.whitehouse.gov/america-first-foreign-policy>.

그렇지만 트럼프 정책의 모든 면이 이전 대통령들과는 구별될 정도로 유별나다고 볼 수는 없다. 예를 들어, 트럼프의 '힘에 의한 평화(Peace through Strength)' 또는 미국의 강력한 군사력에 의존하는 일방주의적 노선은 레이건 시절의 미국의 대소련 정책과 닮아 있고 이라크 공격을 감행했던 G.W. 부시 대통령의 정책노선과도 맥을 같이 하고 있다. 일반적으로 공화당 정부의 노선이 힘에 의존하는 현실주의 노선에 가깝다고 알려져 있다는 것을 고려하면 쉽게 이해할 수 있다.

이렇게 본다면 트럼프의 정책 노선은 이전의 대통령들과 차별되는 점과 유사한 점을 함께 보여주고 있다고 볼 수 있다. 트럼프의 정책 노선을 좀 더 체계적으로 분석한다면 전통적인 IR 이론에 입각한 분석과 인간의 행동 동기(Human motivation) 분석을 결합한 모델을 적용할 수 있다.[95] 이 모델에 의하면 외교정책노선은 현실주의, 자유주의, 그리고 구성주의의 세 가지 이론적 프레임에 입각하여 분석할 수 있다. 현실주의(realism/neo-realism)는 안보의 영역에 깊이 연관되어 있으며 인간의 행동 동기 중 안보와 직접적인 관련성을 가지고 있다. 이 영역에서 국가의 외교정책 노선은 힘에 의존하는 강압적인(coercive) 방법 혹은 비강압적인(non-coercive) 방법으로 구분될 수 있다. 자유주의(liberalism/neo-liberalism)는 경제적 번영의 영역에 깊이 연관되어 있으며 인간의 행동 동기 중 경제적 이익과 직접적으로 연관되어 있다. 자유주의가 추구하는 국가 이익을 성취하기 위한 방법론은 적극적(proactive)-소극적(reactive) 방법의 연속선 위에 있다. 구성주의(constructivism)는 공동체의 영역에 연관되어 있으며 인간의 행동 동기 중 사회적 연결성에 직접적으로 연관되어 있다. 이러한 목표를 달

---

95) William O. Chittick, *American Foreign Policy* (Washington, D.C.: CQ Press, 2006)

성하기 위한 방법론으로는 다원주의냐 일방주의냐의 문제가 있을 수 있다. <표 1>은 이와 같은 분석틀을 정리해 놓은 것이다.

<Table 1> Essential Elements of the Three Foreign Policy
Approaches including Primary Dimensions

Approaches	Motive	Value Orientation	Value continuum "Dimension
Realism/Neorealism	Power	Security	Coercive - Non-coercive
Liberalism/Neoliberalism	Profit or Achievement	Economic prosperity	Proactive - Reactive
Idealism/Constructivism	Social affiliation	Community	Multilateral - Unilateral

(Source: Chittick (2006), p.29)

위의 분석틀을 적용해 보았을 때 트럼프의 외교정책 노선은 구성주의에 바탕을 둔 공동체의 영역에 있어서 다자주의 보다는 일방주의적 경향을 보이고 있다고 평가할 수 있다. 앞서 설명한 것처럼 트럼프는 안보 및 경제관련 다자기구의 효용성에 의구심을 가지고 있으며 일방주의적인 정책노선을 선호하는 것으로 파악되고 있다. 자유주의에 바탕을 둔 경제적 번영의 영역에 있어서 트럼프의 정책노선은 적극적인 정책보다는 소극적인, 또는 고립적인 정책으로 분류될 수 있다. 현실주의에 바탕을 둔 안보의 영역에서는 힘에 의존하는 강압적인 정책노선으로 분류될 수 있을 것이다.

트럼프 행정부가 1년이 넘는 선거운동 기간과 그 이전의 선거 준비 기간 등을 거치면서 오랜 기간의 준비과정을 거쳐서 탄생한 정부라면 문재인 정부는 다소 짧은 기간의 준비과정을 거쳐 갑작스럽게 탄생했다고 볼 수 있다. 한국의 국내정치적인 상황 때문에 어쩔 수 없었던 측면이 있지만 준비과정이 짧았던 것은 사실이다. 짧았던 준비과정에 비하여 외교안보의 측면에서 문재인 정부가 당면한 문제는 결코 가볍지 않다. 무엇보다도 현재 추진하고 있는 한반도 평화 프로세스의 가시적인 성과를 만들어 내야 한다는 부담감을 안고 있다. 문재인 정부가 제 궤도에 올라선 이후에 본격적으로 추진해온 남북관계 개선, 북핵문제 해결 등 한반도 평화 프로세스는 2018년 내내 한반도를 넘어 전 세계적인 이슈가 되었다. 그럼에도 불구하고 아직까지 가시적인 성과를 내지 못하고 있다는 점은 분명히 아쉬운 부분이기 때문에 문재인 정부의 남은 기간의 가장 중요한 과제라고 할 수 있다.

문재인 대통령은 노무현 정부의 핵심인사 중의 한 명이었으며 문재인 정부가 박근혜 정부와는 확연히 구별되는 진보 성향의 정권이라는 점은 의심의 여지가 없다. 이런 점에 근거하여 문재인 정부의 외교정책 노선도 어느 정도 예상을 할 수 있으나 좀 더 체계적인 분석을 위하여 위에서 설명한 분석틀을 활용할 수 있다. 즉, 외교정책 노선을 국제정치 이론과 인간의 행동 동기를 결합하여 분석하는 것이다.

먼저 현실주의에 입각한 안보의 영역에 있어서 문재인 정부는 진보 정권이 전통적으로 그러하듯이 강압적인(coercive) 방식보다는 비강압적인(non-coercive) 방식을 선호한다. 연이은 도발로 한반도에 긴장을 고조시키고 있는 북한에 대해서도 힘에 의한 해결방식보다는 대화와 타협을 선호하는 것으로 알려져 있고 인도적 지원은 정치적 상황에 관계없이 이루어져야 한다는 입장이다. 안보 분야의 참모들도 주로 비강압적 방식을 선호하는 인사들로 채워져 있다. 자유주의에 기초한 경제적 번영(economic prosperity)의 영역에서는 수동적인(reactive) 방식보다는 적극적인(proactive) 방식을 선호하는 것으로 알려져 있다. 이전 노무현 정부 당시 문재인 대통령이 비서실장 시절에 미국과의 자유무역협정을 체결하는 등 여러 나라와 자유무역 체결에 적극적인 모습을 보인 점을 고려한다면 문재인 정부는 보호 무역주의보다는 자유무역 혹은 Globalism을 선호한다고 이해할 수 있다. 마지막으로 구성주의에 입각한 커뮤니티 영역에서 있어서 문재인 정부는 일방주의보다는 다자주의에 대한 존중과 선호를 읽을 수 있다.

지금까지의 분석을 종합하면 미국의 트럼프 행정부와 한국의 문재인 정부의 외교정책 성향은 다음과 같이 요약할 수 있다.

<표 2> 트럼프와 문재인 정부의 외교정책 노선 비교

국제정치이론	관심영역	방법론	트럼프 행정부	문재인 정부
현실주의	안보	강압적(coercive)-비강압적(non-coercive)	강압적(coercive)	비강압적(non-coercive)
자유주의	경제	적극적(proactive)-소극적(reactive)	소극적(reactive)	적극적(proactive)
구성주의	공동체	다자주의(multilateralism)-일방주의(unilateralism)	일방주의(unilateralism)	다자주의(multilateralism)

3

문재인-트럼프 시대 북미 핵협상

트럼프와 문재인은 여러 측면에서 서로 다르다. 문재인은 인권 변호사 출신이며, 트럼프는 사업가 출신으로 출신 배경이 다르며, 소속 정당의 정치적 성향도 진보적 성향과 보수적 성향으로 서로 다르다. 위에서 살펴본 것처럼, 외교정책 노선에 있어서도 겹치는 부분이 거의 없다. 안보 영역에서 트럼프 정부가 강압적 정책을 선호하는 반면 문재인 정부는 비강압적 정책을 선호하고, 경제 영역에서 트럼프 정부가 소극적/고립적 정책의 성향을 보이는 반면 문재인 정부는 적극적/글로벌 정책의 성향을 보인다. 또한 다자주의-일방주의 프레임에 있어서는 문재인 정부가 다자주의를 선호하는 반면 트럼프 행정부는 일방주의를 선호하는 경향을 보인다.

이러한 눈에 보이는 차이에도 불구하고 양국은 한반도 평화에 가장 중대한 걸림돌이 되고 있는 북핵 문제 해결을 위해서 공조하고 있다. 사실 트럼프가 당선되었을 당시만 해도 우려의 목소리가 높았다. 그의 특이한 이력과 선거기간 동안에 보여주었던 독특한 언행 등으로 인하여 한국 국내뿐만 아니라 전 세계적으로도 트럼프가 가져올 변화에 대해서 우려가 많았다. 그러나 트럼프 취임 후 약 2년이 흐른 현 시점에서 평가하자면, 트럼프의 미국은 이전의 미국과 어느 정도 차이를 보이기는 하되, 당초의 우려처럼 비합리적인 방향으로 편향된 것은 아니

라는 평가가 지배적이다. 오히려 한국의 입장에서는 트럼프의 등장이
남북 관계 및 북미 관계를 개선하여 한반도에 평화를 정착시킬 수 있
는 좋은 기회로 보는 시각이 더 많다.

현재 진행 중인 한반도 평화 프로세스는 사실상 한국의 문재인 대
통령, 북한의 김정은 위원장, 그리고 미국의 트럼프 대통령 등 3인의
힘으로 이끌고 가고 있다고 해도 과언이 아니다. 그 중에서도 트럼프
대통령의 역할이 그 누구보다도 중요하다. 만약 미국에 트럼프가 아닌
다른 누군가가 대통령의 자리에 있었다면 지금 여기까지 오는 것도 불
가능했을 것이다. 미국의 전통적인 엘리트 정치인들 사이에 공유되고
있는 반 북한 분위기는 아직도 상당히 공고하게 자리 잡고 있다고 할
수 있다. 그들에게 북한은 여전히 거짓말을 일삼는, 신뢰할 수 없는,
대량살상무기를 개발하는, 그리고 잔혹한 인권침해가 자행되는, 나쁜
국가로 인식되고 있으며, 이러한 인식은 정당을 가리지 않는다. 평화

(http://news.khan.co.kr/kh_news/khan_art_view.html?art_id=201806121006001)

<김정은 북한 국무위원장(왼쪽)과 도널드 트럼프 미국 대통령(오른쪽)이 6월 12일
싱가포르 카펠라 호텔에서 정상회담을 앞두고 악수하고 있다. 출처: AP연합뉴스>

주의자이자 인권 옹호론자로 알려진 오바마 대통령 당시에 '전략적 인내'라는 미명 하에 소극적 대북정책으로 일관한 이유도 이러한 북한에 대한 광범위한 인식과 결코 무관하지 않다.

그러나 트럼프는 워싱턴의 엘리트 정치인들과는 달리 사업가 출신이며, 자유주의 이데올로기의 신봉자라기보다는 눈에 보이는 이익을 더 중요시하는 실용주의자에 더 가깝다. 따라서 북핵 문제에 있어서도 자유주의 이데올로기적인 접근보다는 실용주의적인 접근을 하고 있으며 그것이 현재 북미 협상을 가능하게 하는 원동력이 되고 있다. 2018년 6월에 있었던 역사적인 북미 정상회담도 트럼프의 이런 독특한 사고방식이 있었기에 가능한 것이었다. 6.12 북미 정상회담은 한국전쟁 휴전 이후에 처음으로 북한과 미국의 정상이 싱가포르에서 만나서 마주 앉아 대화를 나눈 역사적인 사건이었다. 이 회담에서 미국과 북한은 다음의 4개항에 합의하는 공동성명을 발표하였다.

- 새로운 북미관계의 구축
- 한반도의 항구적 평화체제 구축
- 한반도의 완전한 비핵화
- 한국전쟁 전쟁포로(Prisoners of War, POW), 전장실종자 (MIA) 유해 송환

제4항의 한국전쟁 관련 유해송환을 제외하면 원론의 확인에 그치고 있지만 이 회담의 의의는 단순한 원칙의 확인에 그치지 않는다. 한국전쟁 휴전 후 약 70년 가까이 극심한 대립 관계에 있었고 최근에는 전쟁 위기까지 겪었던 양국 간 '평화를 위한 정상회담'이 현실화되었던 것이다. 양국은 지난 70년간의 적대관계를 종식하고 양국 간 신뢰 형

성과 관계 정상화의 첫 발을 내딛었다는 점에서 그 역사적인 의의를 찾을 수 있다.[96] 일각에서는 북한 비핵화의 금과옥조로 삼고 있는 CVID(Complete, Verifiable, Irreversible Denuclearization)라는 표현이 빠졌다는 점을 문제 삼아 그 의미를 평가절하 하는 비판도 제기되었지만, 대체적인 평가는, "완전한 비핵화"라는 표현이 CVID를 포함한다는 미국 국무성의 설명이 그러한 비판을 잠재웠고, 앞에서 언급한 것처럼, 그것의 역사적 의의에 방점을 두는 긍정적인 것이었다.

양국은 6.12 정상회담의 합의들을 현실화하기 위한 실무협상을 계속해 나가기로 합의하였다. 합의에 따라서 제일 먼저 한국전쟁 전쟁포로 및 전장실종자의 유해송환이 이루어졌다. 양국 간의 신뢰회복을 위한 첫 번째 조치로서 가장 우선적으로 이루어진 것이다. 그 다음 단계는 북한의 비핵화에 관한 실무협상이 이루어지고, 한반도 평화구축에 대한 논의 후에 북미 간 새로운 관계 구축이 논의가 되는 순차적 협상이 예상되었는데, 2019년 초 현재 그 첫 번째 단계라고 할 수 있는 한반도 비핵화 협상에서 멈추어 있다. 6.12 북미정상회담 이후 거의 6개월 간 북한 비핵화 협상이 이렇다 할 진전이 보이지 않는 것이다.

주지하다시피, 북한의 핵문제는 지난 25년간의 갖은 노력에도 불구하고 해결되지 못 하고 오히려 악화되어온 난제이다. 그 과정에서 미국과 북한은 서로에 대한 불신을 더욱 키워왔다. 그리고 미국 조야에서는 아직도 북한에 대한 불신과 혐오가 팽배해 있어 협상 자체에 어려움이 있다. 게다가 지난 25년 간 북미 협상의 과정에서 번번이 검증의 문턱을 넘지 못하고 실패했다는 점을 상기하며 이번 협상에서는 북

---

96) 통일연구원 현안분석팀, "북미정상회담 평가 및 향후 전망," 통일연구원 온라인 시리즈 (2018.6.14.), <http://www.kinu.or.kr/pyxis-api/1/digital-files/e6523dc1-c83d-4a12-8725-8a0d7637875d>.

한의 핵을 처음부터 철저하게 검증한다는 자세로 임하고 있다. 완벽히 검증되기 전에는 북한에 대한 경제제재도 완화해 줄 수 없다는 입장이다. 반면에 북한으로서는 이미 핵실험장과 장거리 미사일 시험장을 폐기하는 등 약속했던 조치들을 해나가는 만큼 미국도 그에 상응하는 조치들, 예를 들면 경제제재 완화, 한국전쟁 종전선언 등의 조치들을 취해야 한다고 주장한다. 현재까지는 미국과 북한의 입장 차이가 좁혀지지 않고 협상도 좀처럼 진전이 되지 않고 있다. 검증에 대한 입장 차이뿐만 아니라 양국의 협상 스타일 차이도 협상에 걸림돌이 되고 있다. 미국은 실무협상-고위급회담-정상회담 등의 상향식(Bottom up) 협상을 전통적으로 선호하는 데 비하여 북한은 정상회담에서 일괄타결하고 구체적인 실무를 담당자에게 일임하는 하향식(Top down) 협상을 선호하는 편이다. 북한의 입장에서는 북핵 협상이 실무자의 수준에서 해결될 수 있는 문제가 아니며 최고 정책결정자의 결단만이 이 난제를 해결할 수 있다고 믿고 있다. 한 가지 다행스러운 것은 북미 간에 제2차 정상회담을 열기 위한 물밑 작업이 진행 중에 있다는 것이다. 6.12 싱가포르 정상회담이 역사적인 북미 관계 개선의 첫 발을 뗀 작업이라고 한다면, 앞으로 열릴 제2차, 제3차 정상회담은 가시적인 성과를 내야한다는 부담이 있을 수밖에 없다. 북한의 김정은 위원장은 2019년 신년사에서 경제발전과 평화를 여러 차례 언급하면서 한반도 평화와 북한의 경제발전에 대한 의지를 대내외에 천명하였다.[97] 그만큼 북미 협상이 가시적인 성과를 내야 한다는 절박한 입장에 있다고 할 수 있다. 미국의 트럼프 대통령도 국내외적으로 정치적인 궁지에

---

97) 통일연구원 북한연구실 신년사분석팀, "2019년 김정은 신년사 분석 및 정세 전망," 통일연구원 온라인 시리즈 (2019.1.4.). <http://www.kinu.or.kr/pyxis-api/1/digital-files/dd1acdb7-1f78-45c9-b791-e73b522e5f6e>.

몰려 있는 상황에서 북한과의 협상으로 난국을 타개하고자 한다면 2019년은 2018년과 다르게 북미 관계 개선의 성과를 어느 정도는 기대할 수 있을 것이다.

문재인-트럼프 시대의 한반도 평화 만들기

북미 관계가 70년간의 대립의 역사를 종식시키고 역사적인 6.12 남북정상회담을 열고 북한의 비핵화를 달성시키기 위한 협상을 현재까지도 이어나갈 수 있는 원동력에는 한국의 문재인 대통령의 역할이 절대적이었다. 문재인 대통령은 2017년 5월 취임 이후 7월에 있었던 베를린 선언에서부터 한반도 평화와 남북관계 개선의 의지를 천명하였다. 베를린 선언에서 문재인 대통령은 북한에게 다음과 같은 제안을 한다. 첫째, 북한의 흡수통일을 포함한 인위적 통일을 배제한 평화를 추구할 것이며, 둘째, 북한 체제의 안전을 보장하는 한반도 비핵화를 추구할 것이며, 셋째, 한반도에 항구적 평화구조를 정착시키기 위한 종전선언과 함께 한반도 평화협정을 추진할 것이며, 넷째, 남북 철도 연결, 남북러 가스관 연결 등 한반도 신경제지도를 추진하고, 마지막으로 이산가족 상봉 등 정치·군사적 상황과 분리된 비정치적 교류협력을 지속적으로 추진한다는 것이다. 이 다섯 가지의 정책목표를 추진하기 위하여 다음 네 가지의 실천과제를 북한에 제안하였다. 첫째, 이산가족 상봉을 가까운 시일 내에 추진할 것, 둘째, 북한이 평창 동계올림픽에 참가할 것, 셋째, 군사분계선에서의 적대행위를 상호 중단할 것, 그리고 마지막으로, 남북 간 접촉 및 대화를 재개할 것 등이다.[98]

---

98) 청와대, "쾨르버 재단 초청 연설" <http://www1.president.go.kr/articles/57>

(http://www.kyeongin.com/main/view.php?key=20180427010011993)

<문재인 대통령과 북한 김정은 국무위원장이 4월 27일 경기도
파주시 판문점 군사분계선을 사이에 두고 악수하고 있다,
출처: 경인일보>

문재인 대통령이 베를린 구상을 발표할 당시만 하더라도 북한을 포
함하여 국내외의 여론은 그것이 실현가능성이 없다는 이유로 허무맹
랑한 궤변으로 일축하였다. 그러나 그 이후 1년 동안 문재인 정부는
베를린 구상을 하나씩 실천해 나갔다. 심지어 북한이 2017년 11월 화
성-15형의 시험발사 성공을 계기로 핵무력의 완성을 선언할 때에도

포기하지 않고 북한과의 접촉을 시도했다. 그리고 김정은 위원장의 2018년 신년사에서 변화의 조짐이 보이기 시작했고 북한의 평창 동계 올림픽 참가를 계기로 남북 관계는 한반도 평화정착을 향해 급물살을 타기 시작했다.

분단 이후 단 두 번만 열렸던 남북정상회담이 2018년 한 해에만 세 차례 열렸다는 사실 자체가 남북 관계에 엄청난 진전이 있었다는 점을 상징적으로 보여준다. 세 차례의 정상회담 가운데 '4.27 판문점선언'과 '9.19 평양공동선언'은 특별한 성과이자 한반도 평화를 향한 의미있는 진전이라고 평가된다. '판문점 선언'[99] 또는 '4.27 선언'은 남북이 한반도의 항구적이며 공공한 평화 체제 구축을 위하여 적극 협력해 나갈 것과, 특히 연내 종선 선언과 남북미 혹은 남북미중 회담을 추진할 것을 합의하였다. 아울러 남북 간에 어떠한 무력도 사용하지 않는 불가침 합의를 재확인하고, 군사적 긴장해소와 신뢰의 구축을 위해 단계적 군축을 실현할 것도 약속하였다. 이밖에도 양 정상은 정기적인 회담과 직통 전화 개설, 문재인 대통령의 평양 방문 등을 약속하였다. 약속대로 2018년 9월에는 문재인 대통령이 평양을 방문하여 '9.19 평양공동선언'을 발표하였다. '판문점 선언'에 이어 남과 북이 비무장지대를 비롯한 대치지역에서의 군사적 적대관계를 종식하고, 상호호혜와 공리공영의 바탕 위에서 교류와 협력을 더욱 증대시켜 민족의 공동번영을 추구할 것 등을 다시 한 번 확인하였다.

남북 당국은 '판문점 선언'과 '9.19 평양공동선언'을 이행하기 위한 실질적 조치들을 하나씩 해나가고 있다. 특히, 정치·군사 분야에서의 실적이 괄목할 만하다. 여러 조치들의 핵심은 정부·민간 등 다차원에

---

99) 공식 명칭은 한국에서는 <한반도의 평화와 번영, 통일을 위한 판문점 선언>이며, 북한에서는 <조선반도의 평화와 번영, 통일을 위한 판문점 선언>이다.

서 남북 간의 소통을 강화하고 군사적 적대행위를 상호 중단하고 우발적 충돌의 가능성도 미연에 차단한다는 것이다. 이렇게 함으로써 한반도에 항구적인 평화를 위한 기초를 다지는 것을 목표로 하고 있다. 한 가지 고무적인 것은 남북 철도 연결 사업이 경제 분야가 아닌 사회 교류의 측면으로 인정받아 유엔 제재와 상관없이 진행되고 있다는 것이다. 북에 대한 인도적 지원도 조만간에 이루어질 것으로 보는 시각이 많다. 남북 경협을 제외한 타 분야에서의 이런 교류협력의 강화는 결국에는 경협으로까지 이어질 가능성이 충분하고 한반도에 지속가능한 평화를 실현시키는 원동력이 될 것이다.

(http://www.fntimes.com/html/view.php?ud=2018092018393031875e6e69892f_18)

<평양 정상회담을 마치고 남북 정상 내외가 백두산 천지에 함께 올랐다, 출처: 청와대>

지금까지 이룬 것에 비하여 앞으로 가야할 길은 훨씬 길고 험난할 것이다. 한반도 평화체제 구축이나 통일은 중장기적인 과제로 넘긴다 하더라도 지금 당장 북한 비핵화라는 큰 장애물을 넘지 못하고 있다. 북한 비핵화는 한반도에 항구적인 평화를 구축하기 위한 일종의 전제 조건과 같다고 할 수 있다. 북미 협상을 통해서 북한의 비핵화와 북미 관계 개선이 이루어진다면 남북경협도 가능해지고 한반도 평화체제 구축에 대한 논의도 할 수 있다. 다시 말하면, 북한 비핵화로부터 모든 것이 풀릴 수 있기 때문에 우리의 모든 역량을 여기에 집중할 때이다.

참고문헌

통일연구원 북한연구실 신년사분석팀. "2019 김정은 신년사 분석 및 정세 전망." 통일연구원 온라인 시리즈 (2019.1.4.)

통일연구원 현안분석팀. "북미정상회담 평가 및 향후 전망." 통일연구원 온라인시리즈 (2018.6.14.)

Bacevich, Andrew J. 2017. "The Age of Great Expectations and the Great Void: History after 'The End of History.' <http://americanempireproject.com/blog/the-age-of-great-expectations-and-the-great-void/>.

Chittick, William O. *American Foreign Policy* (Washington, D.C.: CQ Press, 2006).

Ikenberry, John G. "Obama's Pragmatic Internationalism." *The American Interest*, Vol.9, No.5 (2014). <https://www.the-american-interest.com/2014/04/08/obamas-pragmatic-internationalism>.

Posen, Barry R. *Restraint: A New Foundation for U.S. Grand Strategy* (Ithaca: Cornell University Press, 2014).

The White House, "America First Foreign Policy." <https://www.whitehouse.gov/america-first-foreign-policy>.

김동수

연세대학교 정치외교학과(학사)와 대학원 정치학과(석사)를 졸업했으며 미국의 조지 아대학교(The University of Georgia)에서 국제정치학 박사학위를 받았다. West Liberty University 조교수와 통일연구원의 부연구위원을 거쳐 현재 부경대학교 국제지역학부 부교수로 재직 중이다. 국제정치가 전공이며, 특히 미국외교정책, 북미 관계, 남북관계, 동북아 안보 등에 관심을 갖고 연구하고 있다. 최근 논문으로는, "A Systemic Analysis of the Early Trump Administration's Foreign Policy: Implications for Northeast Asia and the Korean Peninsula" (Korean Journal of Security Affairs, 2018), "미국의 대 쿠바 정책 전환의 결정 요인 분석"(민족연구, 2017), "The Obama Administration's Policy toward North Korea: the Causes and Consequences of Strategic Patience"(Journal of Asian Public Policy, 2015) 등이 있다.

21세기 미국의 동북아 정책과 한반도 평화

초판인쇄 2019년 2월 25일
초판발행 2019년 2월 25일

지은이 김동수
펴낸이 채종준
펴낸곳 한국학술정보㈜
주소 경기도 파주시 회동길 230(문발동)
전화 031) 908-3181(대표)
팩스 031) 908-3189
홈페이지 http://ebook.kstudy.com
전자우편 출판사업부 publish@kstudy.com
등록 제일산-115호(2000. 6. 19)

ISBN 978-89-268-8801-8 93340